sannyas

21

Bhagwan Shree Rajneesh

Antworten zum Thema
GLOBALE KRISE

Sannyas Verlag

1. Auflage, Mai 1983
Herausgeber: Swami Ananda Siddhartha, Sannyas Verlag

© Copyright 1983 by Rajneesh Foundation International, Jesus Grove, Rajneeshpuram, Oregon 97741, U.S.A.

© Fotocopyright 1983 by Rajneesh Foundation International (Bhagwan-Fotos) und Sannyas Verlag.

Sämtliche Fotos (außer die von Bhagwan) stammen von den Sannyasin-Demonstrationen, die im Frühjahr 1983 in Bonn, München, Berlin, Frankfurt und vielen anderen Städten auf der ganzen Welt stattfanden, um für das Recht der Religionsfreiheit und gegen die Diskriminierung religiöser Minderheiten einzutreten.

Alle Rechte vorbehalten. Nachdruck und fotomechanische Wiedergabe, auch auszugsweise, nur mit schriftlicher Genehmigung des Verlages.

ISBN 3-922458-21-1

Gesamtherstellung:

SANNYAS VERLAG,
Rajneeshstadt Neo-Sannyas Commune,
Schloß Wolfsbrunnen
D-3446 Meinhard-Schwebda, Telefon 05651/70217

Der neue Mensch

Aus dem Buch: „Philosophia Perennis", Band 1
über den griechischen Philosophen Pythagoras
Vortrag vom 21. Dezember 1978

Jedesmal wenn eine Kultur ihren Höhepunkt erreicht, entsteht eine Gefahr: die Gefahr des Auseinanderfallens, die Gefahr des Selbstmordes. Heute sieht sich die Menschheit derselben Gefahr gegenüber wie zu der Zeit, als Atlantis unterging. Wenn der Mensch mächtig wird, weiß er nicht, was er mit dieser Macht anfangen soll. Wenn die Macht überhand nimmt und das geistige Niveau zu niedrig ist, hat sich Macht noch jedesmal als zerstörerisch erwiesen. Atlantis ist nicht durch eine Naturkatastrophe untergegangen. Es war vielmehr das gleiche, was auch heute geschieht: Der Mensch hatte zuviel Macht über die Natur bekommen. Atlantis ging durch Atomenergie unter – die Menschen brachten sich selber um . . .

Fünfundzwanzig Jahrhunderte sind vergangen, seit Pythagoras versuchte, seine große Synthese von Wissenschaft und Mystik zu schaffen. Wiederum befindet sich die Welt in einem großen Chaos, wie es immer nach fünfundzwanzig Jahrhunderten geschieht. Der Mensch ist entwurzelt und fühlt sich ohne Sinn. Alle Werte lösen sich auf. Eine große Finsternis bricht herein. Jeder Sinn für Richtung geht verloren; man fühlt sich überflüssig. Alles scheint ziellos, bedeutungslos. Das Leben scheint das Abfallprodukt eines bloßen Zufalls zu sein. Der Mensch scheint der Schöpfung gleichgültig. Es scheint, es gibt kein Leben nach dem Tode. Es scheint, daß alles, was du tust, sinnlos ist, Routine, ein mechanischer Ablauf. Alles scheint zwecklos.

Solche Zeiten des Chaos und der Verwirrung können entweder ein großer Fluch sein, wie es in Atlantis geschah – oder sie können zu einem Quantensprung in der Entwicklung des Menschen führen. Es kommt darauf an, wie wir sie nutzen. Nur in solchen großen Zeiten des Chaos werden große Sterne geboren.

Das Schicksal der Menschheit wird davon abhängen, was wir jetzt tun: entweder begeht die Menschheit Selbstmord – oder die Menschheit wird neu geboren. Beide Türen stehen uns offen. Solche Zeiten können zu einer wunderbaren neuen Art von Menschsein führen, aber wir verpassen ständig die Gelegenheit. Die gewöhnlichen Massen leben in so großer Unbewußtheit, daß sie nicht einmal ein paar Schritte vorausblicken können. Sie sind blind. Und sie sind in der Mehrheit!

Die kommenden fünfunfzwanzig Jahre, das letzte Viertel dieses Jahrhunderts gibt uns eine ungeheure Chance. Wenn wir auf der ganzen Welt einen Umschwung herbeiführen können, der in die Meditation führt, zur Reise nach innen, zur Sammlung, zur Stille, zur Liebe, zu Gott . . . Wenn wir in diesen kommenden fünfundzwanzig Jahren eine Situation schaffen können, in der das Göttliche von vielen, vielen Menschen erfahren werden kann, dann wird die Menschheit neu geboren werden, dann wird sie wieder auferstehen.

Es wird ein neuer Mensch entstehen.

Die Zukunft – hoffnungslos?

Aus dem Buch: „The Secret"
Vortrag vom 26. Oktober 1978,
gehalten im Shree Rajneesh Ashram, Poona, Indien.

BHAGWAN, die Zukunft des Ostens erscheint mir hoffnungslos, wie immer man sie auch betrachtet: entweder Armut und Hunger durch Fatalismus, oder Verwestlichung durch Kapitalismus. Schließlich muß wohl der Osten erst wie der Westen werden, bevor die Menschen sich von neuem für die innere Suche interessieren? Müssen die Menschen des Ostens nicht zuerst materiellen Reichtum erlangen, bevor sie ihre spirituelle Armut erkennen?

Aber die Welt trägt schon schwer an der Bürde des Westens: die Atombombe, Gewalt durch Frustration, die Automatisierung der Seele, die Zerstörung der Wälder und die Verschmutzung der Luft und des Wassers, die Ungewißheit, ob das empfindliche Gleichgewicht der Umwelt aufrechterhalten werden kann. Kann sich die Welt noch einen Westen leisten?

Die Zukunft erscheint nur hoffnungslos, aber das war schon immer so. Das ist nichts Neues. Soweit man auch in der Menschheitsgeschichte zurückgeht – bis zu dem Augenblick, als Adam und Eva aus dem Garten Eden vertrieben wurden – wird man feststellen, daß die Zukunft immer hoffnungslos erschien.

Stellt euch nur Adam und Eva vor, als sie aus dem Garten Gottes hinausgeworfen und die Tore hinter ihnen zugeschlagen wurden. Was für eine Zukunft hatten sie vor sich? Sie muß ihnen sehr hoffnungslos erschienen sein. Alles, was ihnen bekannt war, wurde ihnen weggenommen. Ihre Sicherheit, ihre Geborgenheit, ihre Umwelt, alles war ihnen genommen. Welche Hoffnung für die Zukunft hatten sie? Nur Dunkelheit und Tod. Es muß erschreckend gewesen sein.

Und das ist nicht nur eine Parabel. Jedesmal, wenn ein Kind geboren wird, sieht die Zukunft so hoffnungslos aus, denn jedesmal wird dem Kind der Mutterschoß – die sichere, beschützende Umgebung des Mutterleibes – weggenommen, und das hilflose Kind wird ausgestoßen. Was meint ihr, was das für das Kind bedeutet? Die Psychoanalytiker halten das Geburtstrauma für das größte Trauma, und der Mensch leidet sein ganzes Leben daran. Das Wort *trauma* kommt aus einer Wurzel, die „Wunde" bedeutet. Das Geburtstrauma ist die größte Wunde. Man findet sehr selten einen Menschen, dessen Geburtstrauma geheilt ist.

Es heilt nur, wenn ein Mensch erleuchtet wird, denn wenn ein Mensch erleuchtet wird, kehrt er wieder in den ewigen Mutterschoß Gottes zurück; ansonsten bereitet die Wunde immer wieder Schmerzen.

Euer Leben lang versucht ihr, diese Wunde zu verbergen, aber dadurch daß ihr sie verbergt, kann sie nicht verschwinden. Jedes neugeborene Kind, das aus dem Geburtskanal herauskommt, muß die Zukunft als hoffnungslos empfinden; und das war zu allen Zeiten so. Denn die Zukunft ist unbekannt – darum erscheint sie hoffnungslos.

Was der Mensch von heute empfindet, ist nichts Neues: es ist so alt wie die Menschheit. Man kann in den ältesten Aufzeichnungen nachsehen: es heißt in allen alten

Schriften: „Die Zukunft ist hoffnungslos." Und daraus folgt, daß die Vergangenheit golden war. „Die Zukunft ist hoffnungslos." Die Vergangenheit war schön – *satyug:* das Zeitalter der Wahrheit – und die Zukunft, *kalyug:* das Zeitalter des Todes und der Dunkelheit.

Diese Haltung ist tief in deinem Verstand verwurzelt; sie hat nichts mit der Zeit und mit der Wirklichkeit, die dich umgibt, zu tun. Du mußt diese pessimistische Haltung aufgeben. Es hängt alles von deiner Einstellung ab.

Es ist zum Beispiel so einfach zu sagen: *Die Welt trägt schon schwer an der Bürde des Westens: die Atombombe* – niemand wird es bestreiten, es scheint so einleuchtend zu sein. Aber ich möchte dir sagen: Denk nochmal darüber nach, erwäge es nochmal. Tatsache ist, daß die Atombombe den Krieg unmöglich gemacht hat. Ein Weltkrieg ist heute nicht mehr möglich.

In der Vergangenheit hätte man immer weiter Krieg führen können, weil die Kriege so uneffizient waren; sie waren nicht wirklich gefährlich. Darum haben wir im Laufe der Zeit – in dreitausend Jahren – fünftausend Kriege geführt. Es war kein Problem, nur ein Spiel. Und der männlich-egoistische Verstand hatte großen Spaß daran; er brauchte das. Und Kriege hätte es immer weiter gegeben, wenn nicht die Atombombe gekommen wäre. Die Atombombe bedeutet das Ende von Krieg.

Die Zukunft ist nicht hoffnungslos. Das bloße Vorhandensein der Atombombe bedeutet den universalen Selbstmord, wenn man sich heute für Krieg entscheidet. Wer ist bereit, dieses Risiko auf sich zu nehmen? Keiner kann gewinnen, aber alle werden sterben. Es kann keinen Sieger geben. Was hätte dieses Spiel dann für einen Sinn? Krieg hat Bedeutung, wenn es Sieger gibt und Verlierer.

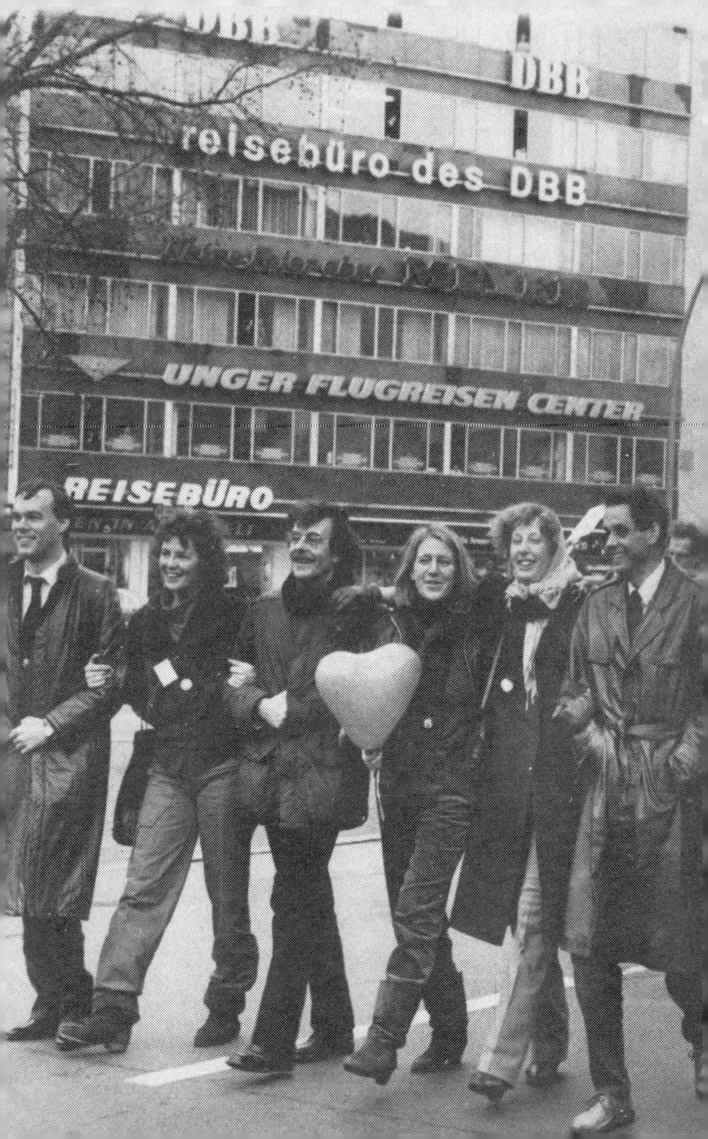
DBB
reisebüro des DBB
UNGER FLUGREISEN CENTER
REISEBÜRO

Aber der Krieg wird absurd, wenn keiner gewinnen kann und alle vernichtet werden. Nur die Existenz der Atombombe hält Rußland und Amerika vom Krieg ab; ansonsten gäbe es keine andere Möglichkeit als Krieg: beide sind dazu bereit, absolut bereit, doch die Atombombe verhindert es.

Krieg zu führen ist heute lächerlich. Worin läge der Sinn, wenn beide Parteien vernichtet würden? Die Atombombe hat den Krieg sinnlos gemacht.

Wenn ich über die Atombombe nachdenke, habe ich große Hoffnung. Ich bin überhaupt kein Pessimist. Ich glaube, daß die Dinge jeden Tag besser und besser werden. Ihr werdet euch vielleicht wundern, aber wenn ihr es versteht, ist es so einfach.

Die Atombombe brachte den totalen Krieg. Bislang war der Krieg ein beschränktes Ereignis – ein paar Menschen starben – aber jetzt würde die ganze Erde sterben. Wir haben den Overkill erreicht. Wir haben so viele Atombomben in Bereitschaft, daß wir jeden Menschen tausendmal töten könnten; wir könnten eintausend Erden wie diese vernichten. Heute ist diese Erde klein im Vergleich zu unserer Zerstörungskraft; verglichen mit unserer Zerstörungskraft ist diese Erde gar nichts.

Wer wird also heute das Risiko übernehmen wollen – und wozu? Niemand wird mehr da sein, um den Sieg zu feiern – keiner wird überleben.

Es wird keinen Krieg geben. Der Dritte Weltkrieg wird nicht kommen, und es wird nicht wegen Buddha und Christus und ihren Lehren von Gewaltlosigkeit und Liebe sein – nein! Es wird wegen der Atombombe sein. Denn der Tod ist heute absolut sicher, der Selbstmord wird total sein. Nicht nur der Mensch wird vernichtet werden, sondern auch die Vögel, die Tiere, die Bäume – alles Leben auf dieser Erde.

Dies ist die einzige Möglichkeit, den Krieg für immer aus der Welt zu schaffen. Wir sind heute zu perfekt im Töten geworden; jetzt können wir Töten nicht mehr zulassen. Wenn ihr so herum denkt, werdet ihr überrascht sein – plötzlich ist die Zukunft nicht mehr hoffnungslos.

Du sagst: *Gewalt durch Frustration*. Das stimmt. Immer wenn man sich frustriert fühlt . . . und die Welt fühlt sich frustriert, besonders der Westen. Frustration kommt als Schatten des Erfolges. Im Osten gibt es keine Frustration, weil es keinen Erfolg gibt; darum fehlt auch der Schatten. Im Westen ist die Frustration groß, weil es Erfolg gibt. Alles, was der Mensch je nötig hatte, ist vorhanden, und dennoch ist keiner zufrieden. Der Erfolg hat versagt – daher die Frustration.

Aber das ist der springende Punkt von Sannyas, von Meditation, von Religion. Ja, du kannst frustriert sein und du kannst gewalttätig werden, denn alles, was du dir je erträumt hast, hat versagt – du hast es bekommen, aber dennoch bist du gescheitert. Du bist tief frustriert. Du könntest zum Mörder werden, du könntest zum Selbstmörder werden. Aber auch die andere Möglichkeit ist gegeben. Du kannst anfangen, auf eine neue Art und Weise zu denken: daß es in der äußeren Welt keinen Erfolg geben kann, daß Erfolg etwas Inneres sein muß, daß du in der falschen Richtung gesucht hast. Die Richtung war falsch; nur darum bist du gescheitert.

Durch diese Frustration wächst ständig das Interesse der westlichen Menschen an Meditation, Gebet, Kontemplation. Auch das kann die Frustration bewirken. Meiner Beobachtung nach wird jemand zum Meditierenden, wenn er nur noch zwei Möglichkeiten hat: Selbstmord oder Transformation.

Wenn in der äußeren Welt nur noch Selbstmord möglich scheint, wendet man sich nach innen. Nur an diesem Punkt, am Höhepunkt der Frustration, wendet man sich nach innen. Diese Wende kann nicht halbherzig gemacht werden. Sie geschieht nur, wenn es wirklich auf den Nägeln brennt und es im Außen keinen Weg mehr gibt. Alle Wege haben sich als falsch erwiesen. Wenn du von der Außenwelt und allen äußeren Anstrengungen total frustriert bist, wenn alle Extraversion sinnlos erscheint, nur dann erblüht der Wunsch, die Sehnsucht nach einer Pilgerreise nach innen.

So war es immer. Nur an den Extrempunkten, wenn das Leben in eine Krise tritt, geschieht Transformation. Wasser verdampft bei hundert Grad; soviel Hitze ist nötig. Der Westen hat sich durch Frustration genügend crhitzt. Ein paar Menschen werden gewalttätig, ein paar Menschen werden zu Mördern, ein paar Menschen werden Selbstmord begehen, aber der Großteil der Menschen wird anfangen, nach innen zu gehen.

Du sagst: . . . *die Automatisierung der Seele.* Nicht die Industrialisierung und der technische Fortschritt haben den Menschen automatisiert, haben ihn zur Maschine gemacht. Der Mensch war schon immer eine Maschine. Die Industrialisierung hat nur die Wahrheit aufgedeckt. Es ist eine große Erkenntnis. Der Mensch hat immer in Sklaverei gelebt, aber die Sklaverei war nicht so offenkundig, sie war nicht so auffällig; es gab immer eine Illusion von Freiheit.

Die Mechanisierung von allem, was euch umgibt, hat euch darauf aufmerksam gemacht, daß ihr ebenfalls nur Maschinen seid. Das wart ihr schon immer. Erwachte haben euch schon immer gesagt, daß ihr unbewußt lebt, daß ihr wie Roboter lebt, daß ihr noch keine Menschen seid – aber die Illusionen waren langlebig. Die Welt von heute hat euch die letzte Illusion geraubt, sie hat euch die Wahrheit aufgezeigt: daß ihr nichts als Maschinen seid – effektiv oder ineffektiv, aber Maschinen.

Es mußte so kommen, denn nur wenn ihr mit Maschinen lebt, wird euch eure maschinenartige Existenz bewußt. Ihr hattet immer mit Bäumen und Tieren und Menschen gelebt, und das hatte euch immer die falsche Vorstellung vermittelt, daß ihr frei seid.

Freiheit gibt es nur, wenn man vollkommen bewußt ist. Nur ein Buddha ist frei. Freiheit liegt in der Buddhaschaft; niemand sonst ist frei, niemand sonst kann frei sein. Aber die Menschen können es glauben . . . es ist eine sehr tröstliche Illusion. Die Welt von heute hat euch die Illusion genommen; und das ist gut, denn nun werdet ihr euch nach Freiheit sehnen, ihr werdet danach verlangen, über die Maschine hinauszuwachsen.

Zum Beispiel hat der Computer bewiesen: dein Verstand allein – mag er noch so leistungsfähig sein – macht dich noch nicht zum Menschen. Ein Computer kann dasselbe viel besser erledigen als dein Verstand. Jetzt werden die tollen Mathematiker sich getroffen fühlen, weil es der Computer viel besser kann. Und der Computer arbeitet so schnell. Es heißt, daß ein Computer Probleme in einer Sekunde lösen kann, für die ein guter Mathematiker 70 Jahre braucht, wenn er tagaus, tagein arbeitet.

Was kann man daraus lernen? Daß unser Gehirn nichts ist als ein Biocomputer. Ohne den Computer hätten wir nie entdeckt, daß unser Gehirn ein Computer ist. Durch den Computer werden heute die Leute, die denken, sie seien große Intellektuelle, Mathematiker, Wissenschaftler, Experten – sie alle werden zu Maschinen reduziert. Vor zweitausend Jahren war es nicht möglich: man konnte nicht wissen, daß der Verstand wie eine Maschine funktioniert, daß der Verstand nichts anderes ist als eine Maschine.

Nur eines kann der Computer nicht. Er kann logisch sein, aber er kann nicht lieben; er kann rational sein, aber er kann nicht meditativ sein. Ein Computer kann nicht meditieren, ein Computer kann nicht lieben – und darin liegt die Hoffnung. Da geht der Mensch über die Maschine hinaus: Ihr könnt lieben. Eure Liebe, und nicht die Logik, wird in kommenden Zeiten ein entscheidender Faktor sein. Der Computer ist vollkommen logisch, logischer als jeder Aristoteles. Eure Liebe, und nicht die Mathematik – der Computer ist mathematischer als jeder Albert Einstein.

Der Computer wird alle Probleme lösen. Der Computer wird jedes Problem lösen, das früher die Wissenschaftler jahrelang beschäftigte. Er kann es innerhalb von Sekunden lösen. Früher oder später wird die Wissenschaft von den Computern übernommen werden; die Wissenschaftler wird man nur noch zur Bedienung der Computer benötigen. Die Computer können es viel schneller, viel effektiver, mit immer geringerer Fehlerhäufigkeit erledigen. Das ist von ungeheurer Bedeutung. Es kann euch große Angst einjagen, es kann euch auf die Idee bringen, daß nichts übriggeblieben ist – daß der Mensch eine Maschine ist. Aber es kann euch auch große Hoffnung machen, weil der Computer es deutlich macht, daß der Kopf nicht die wahre Wirklichkeit des Menschen ist.

Jetzt müssen wir das Herz suchen, denn der Computer hat kein Herz. Nur wenn wir unser Herz suchen, nur wenn wir unser Herz tanzen und singen und lieben lassen, werden wir die Herrlichkeit und Würde des Menschen behalten können; ansonsten werden sie verloren sein.

Die Zukunft erscheint dir hoffnungslos, weil du nur die dunkle Seite des Phänomens siehst. Du bist dir der lichten Seite nicht bewußt. Ich sehe den Morgen dämmern. Ja, die Nacht ist sehr dunkel, aber die Zukunft ist nicht hoffnungslos, überhaupt nicht.

Tatsächlich können zum erstenmal in der Menschheitsgeschichte Millionen von Menschen zu Buddhas werden. In der Vergangenheit waren Buddhas sehr selten, denn sehr selten wurde sich jemand bewußt, daß die Menschen vollmechanisiert sind. Es bedurfte großer Intelligenz zu erkennen, daß der Mensch eine Maschine ist. Aber jetzt braucht man dazu überhaupt keine Intelligenz; es ist zu deutlich, daß der Mensch eine Maschine ist.

Und du sagst: *. . . die Zerstörung der Wälder und die Verschmutzung der Luft und des Wassers; die Ungewißheit, ob das empfindliche Gleichgewicht der Umwelt aufrechterhalten werden kann. Kann sich die Welt noch einen Westen leisten?*

Das ist eines der schönsten Dinge an Wissenschaft und Technik: sie erzeugen Probleme, um sie zu lösen. Und das Problem kann nur gelöst werden, wenn es vorher erzeugt wurde; dann wird es zur Herausforderung. Heute bedeutet es die größte Herausforderung an die Technik, das natürliche Gleichgewicht und die ökologische Harmonie aufrechtzuerhalten. Das war noch nie da, es ist ein neues Problem.

Zum erstenmal steht der Westen diesem neuen Problem gegenüber. Seit Millionen Jahren leben wir auf dieser Erde. Nach und nach haben wir eine immer größere technische Perfektion erlangt, aber wir hatten es bisher nicht geschafft, das natürliche Gleichgewicht zu zerstören; wir sind immer noch eine kleine Kraft auf dieser Erde gewesen. Zum erstenmal ist jetzt unsere Energie größer, viel größer, als die Energie, mit der die Erde ihr Gleichgewicht hält. Das ist ein sehr bedeutsames Phänomen. Der Mensch ist so mächtig geworden, daß er das natürliche

Gleichgewicht zerstören kann. Aber er wird es nicht zerstören, denn wenn er das natürliche Gleichgewicht zerstört, zerstört er sich selbst.

Er wird neue Wege finden, und man findet bereits neue Wege. Die Methode, um das empfindliche Gleichgewicht der Natur wiederherzustellen, liegt nicht im Verzicht auf die Technik. Sie besteht nicht darin, daß wir Hippies werden, nicht darin, daß wir Gandhi nachahmen, nein – ganz und gar nicht. Die Methode, um das natürliche Gleichgewicht wiederherzustellen, besteht in einer hervorragenden Technik, in einer weiterentwickelten Technik, in mehr Technik. Wenn die Technik das Gleichgewicht zu zerstören vermag, warum nicht durch die Technik es wiederherstellen? Alles, was zerstört werden kann, kann auch wieder neu geschaffen werden.

Und heute ist es beinahe realisierbar, ganze Städte in den Himmel zu bauen – in der Luft schwebend, in großen, in riesigen Ballons! Der Mensch muß nicht auf der Erde leben. Und es wird wirklich schön sein – in der Luft schwebende Städte, und unter dir die grüne Erde, riesige Wälder – die Erde, so wie sie war, bevor die Menschen anfingen, die Wälder zu roden. Die Erde kann wieder so werden. Man geht dann auf die Erde zurück, um Ferien zu machen.

Es ist heute möglich, im Ozean schwimmende Städte zu errichten, und das wird schön sein. Es ist möglich, unterirdische Städte zu bauen, so daß die Erde, das Grün, ihre Schönheit nicht zerstört werden. Man kann heute unter der Erde in klimatisierten Städten leben. Gelegentlich kann man zum Sonntagsgebet auf die Erde hochkommen und dann wieder zurückgehen. Dem Menschen ist es heute möglich, andere Planeten zu besuchen. Vielleicht wird der Mond zu unserer nächsten Kolonie, vielleicht wird er noch zu unserer Wohnstätte.

Die Lösung liegt nicht in der Regression; man kann nicht zurück. Die Menschen können heute nicht mehr ohne Elektrizität und ohne all die Bequemlichkeiten leben, die die Technik gebracht hat. Und das ist auch nicht notwendig. Die Welt würde sehr arm werden. Ihr wißt nicht, wie die Menschen in der Vergangenheit lebten – ständig hungrig, ständig krank. Ihr wißt nicht, wie die Menschen in der Vergangenheit lebten – die Menschen haben es vergessen. Ihr wißt nicht, wie gering das Durchschnittsalter in der Vergangenheit war; von zwanzig geborenen Kindern überlebten nur zwei. Das Leben war sehr häßlich.

Als es noch keine Maschinen gab, gab es Sklaverei. Erst mit den Maschinen verschwand die Sklaverei von der Erde. Und je mehr Maschinen es gibt, desto mehr von dieser Sklaverei wird verschwinden. Die Pferde werden frei sein, wenn es mehr Autos gibt; die Ochsen werden wieder frei sein, wenn mehr Maschinen ihre Arbeit tun; die Tiere können befreit werden.

Freiheit war ohne Maschinen nicht möglich. Wenn man die Maschinen aufgäbe, würde der Mensch wieder zum Sklaven werden. Einige Leute würden anfangen, andere zu beherrschen und zu unterdrücken.

Schaut euch die Pyramiden an. Sie sehen so schön aus, aber beim Bau jeder Pyramide starben Millionen von Menschen. Nur so konnten sie erbaut werden. All die schönen Paläste auf der Welt, und die Festungen . . . Nur mit viel Gewalt konnten sie entstehen. Die Chinesische Mauer – bei ihrem Bau starben Millionen von Menschen. Man zwang sie dazu; viele Generationen von Menschen wurden gezwungen, die Chinesische Mauer zu bauen. Heute kommen viele, um sie zu besichtigen, aber man hat völlig vergessen, was für ein häßliches Kapitel der Geschichte sie repräsentiert.

Zum erstenmal haben Elektrizität und Technik die ganze Arbeit übernommen; der Mensch braucht sie nicht zu tun. Die Technik kann den Menschen absolut von der Arbeit befreien, und zum erstenmal kann es auf der Erde spielerisch zugehen. Luxus ist zum erstenmal möglich. Wir brauchen nicht rückwärts zu gehen.

Darum bin ich gegen die Lebensanschauung Gandhis, sehr dagegen. Wenn es nach Gandhi ginge, dann würde die Welt wiederum häßlich, arm, schmutzig und krank werden.

Der Weg geht nach vorne: wir müssen zu einer höheren Technik übergehen, die das Gleichgewicht wiederherstellen kann. Die Erde kann heute wirklich zu einem Paradies werden.

Ich bin ganz und gar für Wissenschaft. Meine Religion ist nicht gegen Wissenschaft; meine Religion schließt Wissenschaft mit ein. Ich glaube an eine wissenschaftliche Welt. Und durch die Wissenschaft wird der Mensch zu einer großen Religion kommen, der größten Religion bisher, denn wenn der Mensch wirklich frei wird, kann er spielerisch sein; wenn Arbeit nicht mehr nötig ist, wird eine ungeheure Kreativität freigesetzt. Die Menschen werden malen, und die Menschen werden musizieren, und die Menschen werden tanzen, und die Menschen werden Gedichte schreiben, und die Menschen werden beten, und die Menschen werden meditieren. Ihre gesamte Energie steht zur Verfügung, um hoch hinaufzufliegen.

Nur ein kleiner Teil der Menschheit ist bisher kreativ gewesen, denn alle anderen mußten unnütze Dinge tun, die von Maschinen viel besser und problemloser getan werden können. Millionen Menschen verbringen ihr ganzes Leben damit zu schuften. Ihr ganzes Leben besteht nur aus Schweiß und Arbeit – ohne jede Inspiration. Das ist häßlich; so sollte es nicht sein.

Heute ist es zum erstenmal möglich. Denkt nur . . . wenn die ganze Menschheit von ihrem Frondienst befreit wird, kann die Energie anfangen, in neue Bahnen zu fliessen. Die Menschen können zu Abenteurern, Forschern, Wissenschaftlern, Musikern, Dichtern, Malern, Tänzern, Meditierenden werden. Sie werden nicht anders können, denn ihre Energie wird nach Ausdruck drängen. Millionen Menschen können zu Buddhas erblühen.

Ich bin ungeheuer hoffnungsvoll, was die Zukunft betrifft.

Du sagst: *Die Zukunft des Ostens erscheint mir hoffnungslos, wie immer man sie auch betrachtet.*

Sie ist nicht hoffnungslos. Sie kann hoffnungslos werden, wenn Dummheit über Intelligenz siegt. Wenn der alte, morsche Verstand über die Intelligenz siegt – dann ist es hoffnungslos. Wenn Gandhis Anschauung sich durchsetzt, dann ist es hoffnungslos. Wenn Morarji Desai[*] und Leute wie er sich durchsetzen, dann ist es hoffnungslos. Aber wenn ich gehört und verstanden werde, ist es nicht hoffnungslos.

Du sagst: *. . . entweder Armut und Hunger durch Fatalismus, oder Verwestlichung durch Kapitalismus.*

Ich bin ganz und gar für die Verwestlichung des Ostens, und ich bin auch total für den Kapitalismus, denn der Kapitalismus ist das einzige natürliche System. Der Kommunismus ist ein gewaltsames, aufgezwungenes, künstliches System. Der Kapitalismus ist natürlich gewachsen; er wurde niemandem aufgezwungen – er entstand ganz von selbst. Er gehört zur menschlichen Evolution. Der Kapitalismus ist nicht wie der Kommunismus –

---

[*] ehem. indischer Ministerpräsident (Anm. d. Übers.)

ein paar Leute, die anderen mit Gewalt ein bestimmtes System aufzwingen. Der Kapitalismus ist aus der Freiheit entstanden. Der Kapitalismus ist ein natürliches Phänomen und er entspricht ganz und gar den Entfaltungsmöglichkeiten des Menschen.

Ich bin ganz und gar für Adam Smith und ganz und gar gegen Karl Marx.

Kapitalismus bedeutet *laissez-faire*. Die Menschen sollten die Freiheit haben, ihre eigene Sache zu machen. Keine Regierung sollte sich in die Freiheit der Menschen einmischen. Die beste Regierung ist die, die am wenigsten regiert. Das ist Kapitalismus. Die Einmischung des Staates, die Verstaatlichung der Industrie, das alles ist unmenschlich.

Der Kommunismus kann nur in einem Klima von Diktatur existieren. Der Kommunismus kann nicht demokratisch sein; der Sozialismus kann niemals demokratisch sein. Ein Sozialist kann nicht demokratisch denken, denn Sozialismus und Kommunismus bedeuten, den Menschen ein bestimmtes System aufzuzwingen. Wie kann man da demokratisch sein? Es ist nur mit Gewalt möglich. Man muß das ganze Land in ein Konzentrationslager verwandeln.

Der Kapitalismus braucht keinen Zwang von oben. Der Kapitalismus ist eine demokratische Lebensweise. Und psychologisch gesehen ist der Kapitalismus sehr realistisch, denn keine zwei Menschen sind psychologisch gleich. Der ganze Begriff von Gleichheit ist falsch, unmenschlich, unwahr, unwissenschaftlich. Keine zwei Menschen sind gleich; die Menschen sind verschieden. Verschieden in jeder erdenklichen Weise. Ihre Begabungen, ihre Intelligenz, ihr Körper, ihre Gesundheit, ihr Alter, ihre Schönheit, ihre Wesen – alles ist verschieden. Keine zwei Individuen sind sich gleich.

Und das ist gut so. Die Vielfalt bereichert das Leben; die Vielfalt verleiht dem Menschen Individualität, Einzigartigkeit.

Kapitalismus bedeutet Freiheit; er repräsentiert die Freiheit. Ich bin nicht gegen gleiche Chancen für alle – bitte mißversteht mich nicht. Gleiche Chancen sollten jedem gegeben sein, aber wofür? – gleiche Chancen, um sein ungleiches Potential zu entfalten; gleiche Chancen, um verschieden zu sein, anders zu sein; gleiche Chancen, um alles zu sein, was man sein will.

Der Kommunismus ist ein häßliches Phänomen. Er zerstört die Freiheit des Menschen im Namen der Gleichheit. Und die Gleichheit kann niemals beherrscht werden; es ist unmöglich. Nicht einmal in der Sowjetunion gibt es Gleichheit; die Klassen haben nur ihre Etiketten geändert. Früher gab es die Bourgeoisie und das Proletariat; jetzt gibt es die Herrscher und die Beherrschten. Und die Unterschiede sind noch viel größer als je zuvor. Das ganze Land befindet sich in einer Art Betäubungszustand.

Der Kommunismus macht die Menschen dumpf und stumpf, teilnahmslos. Niemand fühlt sich frei, er selbst zu sein – darum verschwindet alle Freude aus dem Leben. Keiner ist begeistert, für andere zu arbeiten. Das ist unnatürlich, unmenschlich. Wie kannst du dich begeistern, wenn du für diesen unmenschlichen Staat, für diese Maschinerie namens Staat, arbeitest? Wenn du für deine Kinder, für deine Frau arbeitest, ist Begeisterung da. Wenn du für deine Frau arbeitest und ihr ein schönes Haus, ein kleines Landhaus in den Bergen schenken möchtest, bist du voller Begeisterung. Du möchtest, daß deine Kinder gesund leben; du bist voller Begeisterung. Wen kümmert der Staat? Wozu?

Der Staat ist eine Abstraktion; niemand kann den Staat lieben. Das ist der Grund, warum die Menschen in

Rußland und China stumpf und eintönig sind. Ihre Intelligenz hat an Farbigkeit verloren; ihr Leben schillert nicht mehr in den Farben des Regenbogens.

Der Kommunismus zerstört – im schönen Namen der Freiheit – das Wertvollste überhaupt: die Freiheit. Freiheit ist das höchste Gut. Es gibt nichts Höheres als Freiheit, denn erst durch Freiheit wird alles andere möglich.

Das kapitalistische System ist von größerem Wert als das kommunistische. Der Kommunismus wird immer diktatorisch sein, weil er Angst hat – Angst, weil etwas Unmenschliches den Menschen aufgezwungen worden ist. In dem Augenblick, wo die diktatorische Struktur wegfällt, fangen die Menschen sofort wieder an, ungleich zu sein. Gebt der Sowjetunion nur fünf Jahre – fünf Jahre Demokratie – und ihr werdet es sehen: die Menschen werden sich wieder unterscheiden; einer wird reich, der andere arm, einer wird berühmt und ein anderer etwas anderes. Nur fünf Jahre Demokratie, und fünfzig Jahre Diktatur werden sich in Nichts auflösen. Darum die Angst. Es ist ein unnatürlicher Zwang für die Menschen; es zerstört ihren Geist.

Ich bin ganz und gar für den Kapitalismus. Das kapitalistische System produziert Kapital. Das kommunistische System reduziert alle auf den geringsten gemeinsamen Nenner. Das ist der einzige Weg, die Menschen gleichzumachen.

Zum Beispiel, wenn hier jemand zwei Meter groß ist – und es gibt ein paar holländische Sannyasins, die zwei Meter groß sind – und ein anderer ist nur ein Meter fünfzig; was ist zu tun, wenn man diese zwei Leute gleichmachen will? Der ein Meter fünfzig Große kann nicht auf zwei Meter gedehnt werden, aber der zwei Meter Große kann auf ein Meter fünfzig gekürzt werden. Das ist die einzige Möglichkeit.

Der Kommunismus reduziert die Menschen auf den kleinsten gemeinsamen Nenner. Die Menschen dürfen keinen höheren Intelligenzgrad haben, denn dann sind sie ungleich. Sie müssen auf die niedrigste Intelligenzstufe reduziert werden.

Der Kapitalismus funktioniert auf völlig andere Weise. Er hilft dir, dich auszudrücken, dich darzustellen, dich in deiner Totalität zu entfalten.

Und ich sage nicht, daß der Kapitalismus keine Fehler hat. Die gibt es – aber der Kapitalismus ist nicht dafür verantwortlich. Die Dummheit der Menschen ist dafür verantwortlich; die Unbewußtheit der Menschen ist dafür verantwortlich. Der Kapitalismus birgt viele Irrtümer; er ist kein perfektes System. Er ist das perfekteste aller vorhandenen Systeme, aber er ist kein perfektes System, denn der Mensch ist nicht perfekt. Der Kapitalismus reflektiert nur den Menschen mit all seinen Illusionen, mit allen menschlichen Schwächen, mit allen menschlichen Dummheiten; aber er reflektiert ihn völlig richtig.

Der Kommunismus ist gegen alles, was gut und wertvoll ist, gegen alles, was dich über die Menschheit hinaushebt. Der Kommunismus ist der Versuch, vom Brot allein zu leben. Brot ist nötig, aber es ist nur nötig, damit du beten kannst, damit du ein Lied singen kannst, damit du dich verlieben kannst, damit du malen kannst. Brot ist nötig, aber nur als Mittel. Der Kommunismus hat das Mittel zum Zweck gemacht.

Ich bin dafür, daß der Osten verwestlicht wird – denn Verwestlichung bedeutet nichts anderes als Modernisierung: mehr Technik, mehr Wissenschaft, mehr Industrialisierung. Und höherentwickelte Technik, damit wir diese Erde retten und ihr empfindliches ökologisches Gleichgewicht erhalten können. Der Osten muß modernisiert werden, dann ist die Zukunft nicht hoffnungslos.

Aber das größte Problem ist, daß der östliche Verstand gegen die Modernisierung ist. Seine alten Traditionen stehen wie Blöcke dagegen. Der Verstand des Ostens ist so programmiert, daß er Selbstmord begeht. Und die Menschen glauben, daß sie eine große Kultur, große Werte und große Ideen vertreten. Und es ist alles morsch! Und wegen dieser überlebten Vergangenheit können sie die moderne Explosion des Wissens nicht verstehen, durch die unsere Erde in ein wirkliches Paradies verwandelt werden kann.

Diese alten Denkstrukturen müssen zerstört werden. Die Leute fragen mich, speziell die Inder: „Wie hilfst du Indien, aus dieser Armut herauszukommen?" Genau das mache ich, denn mir geht es nicht darum, Kleider an die Armen zu verteilen; das wird nicht helfen. Es geht überhaupt nicht darum, etwas zu verteilen; es geht nicht um Barmherzigkeit; es geht um ihre Bewußtseinsänderung, um die Veränderung ihrer Denkmuster. Aber damit entsteht das Problem: von diesen Menschen werde ich am meisten angefeindet. So paradox ist das Leben.

Was ich gerade sage, kann das Schicksal des Ostens verändern, kann die ganze Häßlichkeit in Schönheit verwandeln, aber die Menschen des Ostens werden am stärksten gegen mich sein, denn alles, was ich sage, widerspricht ihren Konditionierungen, ihren Vorstellungen, ihren jahrhundertealten, festgefahrenen Ideen. Darum seht ihr hier (in Poona, Anm. d. Übers.) auch nicht viele Inder.

Der westliche Verstand fühlt sofort eine tiefe Verwandtschaft mit mir. Das liegt daran, daß ich immer für das Moderne, für das Neue bin. Der westliche Verstand kann mich sofort verstehen; er fühlt eine große Ähnlichkeit. Aber der östliche Verstand fühlt sich nur angegriffen. Sobald der östliche Verstand hört, was ich sage, wird er ärgerlich, feindselig; er fängt sofort an, sich zu verteidigen.

Der Osten klebt zu sehr an seinem Denken, und sein Denken ist die Ursache all seiner Probleme. Er will seine Probleme beseitigen, hängt aber an seinem Verstand. Das ist nicht möglich. Zuerst muß sich der Verstand ändern, erst dann werden die Probleme verschwinden.

So leidet zum Beispiel der ganze Osten an der Unterdrückung der Sexualität – großer Unterdrückung – aber immer wieder preist er seine großartigen Ideale von Enthaltsamkeit, Charakter und Moral. Aber gerade diese Ideale sind verantwortlich für die Unterdrückung. Durch diese Ideale sind die Menschen nicht im Fluß, denn wenn deine Sexualität unterdrückt wird, bleibt auch die Kreativität unterdrückt, denn Sexenergie ist schöpferische Energie. So hilft euch Gott, kreativ zu werden. Sex ist Kreativität. Ein Mensch, der seinen Sex unterdrückt, ist unfähig, etwas zu erschaffen; er ist erstarrt.

Wie ist also dem Osten zu helfen? Wenn man ihnen sagt, daß sie ein bißchen liebevoller, sinnlicher, sinnesfreudiger werden sollen, sind sie sofort gegen dich. „Warum hat dann Buddha das und das gesagt, und Mahavira das und das? Du lehrst den Materialismus!"

Ich lehre einfach Totalität. Und ich sage euch, daß Buddhas Ansatz nicht total ist, er ist beschränkt. Aber ich kann Buddha verstehen; denn so wie ihr heute, fünfundzwanzig Jahrhunderte nach Buddha, gegen mich seid, wie wäret ihr erst gegen Buddha gewesen, wenn er zu euch so gesprochen hätte wie ich heute? Ich kann verstehen, warum er niemals über die vollständige Entwicklung des Menschen sprach, warum er sich beschränken mußte. Und selbst das war den Indern noch zu viel und sie vertrieben den Buddhismus aus dem Land – selbst das war zu viel. Wenn er gesprochen hätte, wie ich heute spreche, hättet ihr ihn auf der Stelle getötet. Es war nicht möglich; die Zeit war nicht reif, um über Totalität zu reden.

Ich übernehme das Risiko, zu euch in Begriffen der Totalität zu sprechen – und mir unnötige Schwierigkeiten zu bereiten! Ich könnte genausogut weiterhin diese alte, stupide Art von Spiritualität lehren, und das ganze Land wäre stolz auf mich und würde mich verehren. Aber ich bin nicht an Verehrung interessiert, und ich bin nicht daran interessiert, daß Indien stolz auf mich ist. Mein ganzes Interesse liegt darin, wie ich Indiens antiquiertes Denken verändern kann, wie ich ihm zu einer neuen Vision verhelfen kann.

Aber sie werden gegen mich sein, obwohl das, was ich tue, ihre einzige Hoffnung ist.

Indien muß moderner werden, es muß kapitalistischer werden, aber schon das Wort „Kapitalismus" erschreckt die Leute. Sie fangen an, von mir zu denken, ich arbeitete für den C.I.A. Törichte Menschen. Der C.I.A. könnte für mich arbeiten, aber warum sollte ich für den C.I.A. arbeiten? Aber ihr Verstand ist festgelegt.

Egal was man sonst tut, man braucht nur von Sozialismus zu reden, und sie sind zufrieden. Darum redet in Indien jeder von Sozialismus. Selbst Leute, die überhaupt nicht sozialistisch sind, reden von Sozialismus, weil das Stimmen bringt.

Ich bin vielleicht der einzige im ganzen Land, der es wagt zu sagen, daß der Kapitalismus das einzig Richtige ist. Ich bin vielleicht der einzige in diesem Land, der es wagt zu sagen, daß Indien sich mehr mit Amerika befreunden und seine Neutralitätspolitik aufgeben sollte. Sie ist unsinnig und wird Indien nicht helfen. Nur durch amerikanisches Kapital, amerikanisches Knowhow und amerikanische Technologie sind die Probleme dieses Landes zu lösen.

Und du mach dir keine Sorgen, daß durch verstärkte Industrialisierung und Technisierung, durch mehr Technik und Industrie die Ökologie dieses Landes zerstört werden könnte. Hab keine Angst. Die Technik selbst findet die Mittel und Wege, um diese Probleme zu lösen.

Die Technik ist das einzige potentielle Hilfsmittel in den Händen des Menschen, um die Umwelt umzuwandeln. Die Umwelt kann völlig umgewandelt werden. Wir können die Natur zu einem besseren ökologischen Gleichgewicht bringen, als sie es selbst vermag, denn die Wege der Natur sind grundlegend einfach und wenig entwickelt. Und was ist der Mensch? – die höchste Entwicklung der Natur. Wer vermag es, ein besseres Gleichgewicht herzustellen, wenn nicht der Mensch? Der Mensch ist der höchste Gipfel der Natur; durch den Menschen kann die Natur ihre eigenen Probleme wieder ins Lot bringen.

Ich meine nicht, daß die Zukunft hoffnungslos ist. Die Zukunft ist sehr hoffnungsvoll, sehr vielversprechend. Das hat es noch nicht gegeben, denn zum erstenmal kommt der Mensch immer näher an den Punkt, wo er von aller Arbeit frei werden kann. Zum erstenmal kann der Mensch im Luxus leben, und im Luxus zu leben heißt, bereit zu sein, nach innen zu gehen, denn dann gibt es außen kein Hindernis. Dann kannst du einfach nach innen gehen, du wirst nach innen gehen müssen: die Reise nach außen ist zu Ende. Alles, was in der äußeren Welt erreicht werden kann, ist erreicht worden . . . jetzt beginnt ein neues Abenteuer.

Was Buddha geschah, kann in der Zukunft der ganzen Menschheit geschehen. Er lebte im Luxus – er war ein Königssohn – und durch das luxuriöse Leben wurde er bewußt. Es gab keine Probleme in der Außenwelt, also konnte er sich auf sich selbst besinnen; er konnte Wege und Methoden finden, um nach innen zu gehen. Er wollte eine Antwort auf die Frage: „Wer bin ich?" Was Buddha geschah, kann der ganzen Menschheit geschehen, wenn die ganze Menschheit reich wird, äußerlich reich. Äußerer Reichtum ist der Beginn des inneren Reichtums.

Und ich lehre euch eine Religion, die Wissenschaft einschließt, und ich lehre euch eine Religion, die feinfühlig und sinnlich ist. Ich lehre euch eine Religion, die den Körper akzeptiert, den Körper liebt, den Körper achtet. Ich lehre euch eine Religion, die irdisch ist, erdig, die diese wunderschöne Erde liebt, die nicht gegen die Erde ist. Die Erde muß die Basis für euren Himmelsflug sein.

Freut euch!

Aus dem Buch: „Walk Without Feet, Fly Without Wings, Think Without Mind"
Vortrag vom 5. Januar 1978

*B*HAGWAN, *die menschliche Zivilisation ist dabei, überall auf der Welt zusammenzubrechen. Was hast Du dazu zu sagen?*

Freut euch über ihren Zusammenbruch!

Halbheit ist das Leiden

Aus dem Buch: „The Secret"
Auszug des Vortrags vom 22. Oktober 1978

Das Grundübel ist, daß der Mensch bisher noch nie in seiner Ganzheit akzeptiert worden ist. Dasselbe Unglück im Westen wie im Osten. Der Westen hat nur den körperlichen Bereich gesehen und die Seele vergessen. Die Kultur des Westens geht nach außen, und die des Ostens geht nach innen. Der Osten versucht, nur als Seele zu leben, und der Westen versucht, nur als Körper zu leben.

Der Westen ist reich, wohlhabend, und er wird immer wohlhabender werden, immer reicher. Er hat schwer gearbeitet, um die Welt zu verschönern. Der Westen weiß zu leben, aber weil er die Seele vernachlässigt hat, entsteht eine große innere Spannung. Der Westen ist innen arm – äußerlich reich, aber innerlich arm. Der Osten ist darauf aus zu meditieren, zu beten, nach der inneren Wahrheit zu suchen, und hat dabei das Äußere vernachlässigt. Darum ist er äußerlich sehr arm geworden; innerlich ist er reich.

Aber beide leiden, denn beide sind nur halb. Und das Leiden kommt vom Halbsein – wenn der Kreis nicht geschlossen wird, wenn nicht beides erfüllt wird. Denn weder bist du nur eine Seele, noch bist du nur ein Körper. Du bist beides zugleich; du bist eine Einheit. Der Mensch ist eine Körper-Seele, und beide Teile müssen zufriedengestellt werden, beide müssen als gleich anerkannt werden.

Der wahre Mensch wartet noch auf seine Geburt. Der wahre Mensch, der Mensch der Zukunft, wird nicht jenseitig sein und er wird auch nicht diesseitig sein. Der zukünftige Mensch wird nicht im alten indischen Sinne religiös sein und nicht im westlichen Sinne materialistisch. Der neue Mensch wird total sein: religiös ebenso wie materialistisch, und noch viel mehr. Das ist meine Vision des neuen Menschen.

Aber es gibt Schwierigkeiten. Der neue Mensch wird alle irritieren. Der neue Mensch wird die Religiösen irritieren, die immer gegen den Körper waren. Der neue Mensch wird die Materialisten irritieren, die immer gegen die Seele waren. Der neue Mensch wird in der Tat eine große Rebellion für die Welt bedeuten.

Meine Sannyasins sind gerade erst der Anfang des neuen Menschen.

Was ist der Mensch?

Aus dem Buch: „Zen: Zest, Zip, Zap and Zing"
Vortrag vom 6. Januar 1981

*B*HAGWAN, *was bedeutet es, ein Mensch zu sein?*

Das ist eine der schwierigsten Fragen, die es gibt – schwierig, weil man sie nicht beantworten kann; es gibt deshalb keine Antwort darauf, weil es nicht nur einfach eine Frage ist, sondern eine Suche. Fragen sind leicht zu beantworten, aber die Suche ist eine Herausforderung, ein Abenteuer. Du mußt auf Forschungsreise gehen; für deine Frage gibt es keine pauschale Antwort. Du mußt in deine Tiefen gehen und sie erforschen, denn der Mensch ist kein Lebewesen wie jedes andere.

Eine Rose ist ein Wesen, ein Tiger ist ein Wesen, ein Hund ist ein Wesen, aber der Mensch ist kein Wesen. Der Mensch ist ein Werden. Das Dasein eines Wesens ist fest umrissen. Ein Rosenstrauch kann nur Rosen hervorbringen – das ist seine Bestimmung, dafür ist er gedacht – er kann weder einen Lotos noch Dotterblumen produzieren; das ist unmöglich, dafür ist er nicht geschaffen. Er ist linear, er kann nur eine Richtung einschlagen. Er hat eine feste Bestimmung; daher ist er ein Wesen.

Ein Hund kann nur ein Hund sein, sonst nichts. Du kannst zu einem Hund nicht sagen: „Du bist kein perfekter Hund" – jeder Hund ist in seiner Eigenschaft als Hund perfekt!

Der Mensch ist nur eine Gelegenheit, er ist multidimensional.

Er kann ein Dschingis Khan sein oder ein Laotse – absolute Gegensätze. Er kann ein Tamerlan oder ein Gautama Budhha sein; diese beiden haben nicht das Geringste gemein – es liegen Welten zwischen ihnen. Beide sind Menschen, aber ihre Ziele waren absolut verschieden.

Der Mensch bringt nichts mit außer einer unbeschriebenen Schiefertafel; darauf muß er selbst sein Schicksal, seine Bestimmung schreiben. Es liegt an ihm, zu entscheiden, was er sein will. Er ist frei, absolut frei; er kommt ohne ein vorherbestimmtes Programm. Er kann eine Rose sein, eine Dotterblume; er kann ein Lotos sein. Er kann sich auch entschließen, überhaupt nicht zu wachsen. Er kann unterentwickelt bleiben, er kann ewig ein Kind bleiben. Die Möglichkeit zu wachsen mag ihm sogar völlig entgehen.

Als erstes mach dir klar, daß der Mensch das einzige Wesen ist, das in Wirklichkeit kein Wesen ist. Der Mensch ist die einzige Daseinsform, die viel mehr ein Werden ist als ein Sein. Er kommt ohne Inhalt, nur die Existenz ist in ihm – er muß sich selbst schaffen. Es ist eine große Verantwortung; niemand kann für dich entscheiden. Jede Handlung, jeder Gedanke ist entscheidend. Alles was du tust und was du nicht tust gibt dir eine Form, eine Seele.

Deshalb sagte George Gurdjieff, einer der größten Meister aller Zeiten, daß der Mensch ohne Seele geboren wird. Wenn du diese Behauptung zum ersten Mal hörst, bist du vielleicht geschockt, denn kein anderer hat eine solche Behauptung je gewagt. Der Mensch soll ohne Seele geboren werden? Alle Religionen haben uns beigebracht, daß wir sehr wohl mit einer Seele geboren werden, aber Gurdjieff ist bei weitem näher an der Wahrheit. Es mag schockierend sein, aber er versucht lediglich eine ganz bestimmte Wahrheit von ungeheurer Bedeutung klarzumachen.

Mit seiner Behauptung, daß der Mensch ohne Seele geboren wird, will er sagen, daß der Mensch ohne Vorherbestimmung, ohne Schicksal, ohne *kismet* auf die Welt kommt. Der Mensch ist eine Offenheit – er kann alles sein, was er sein will – der Mensch ist absolut frei. Wir schaffen unsere Seele in jedem Augenblick, ob wir uns darüber bewußt sind oder nicht.

Wenn du deine Seele nicht bewußt gestaltest, kann sie unmöglich ein Kunstwerk sein – es ist, als wollte ein Betrunkener malen. Er weiß nicht einmal, was er da eigentlich macht, ob er die Leinwand trifft oder die Wand oder ob er sein Gesicht beschmiert.

Ein Betrunkener kam eines Nachts spät nach Hause. Er fiel die Treppe hinunter und verletzte sich dabei am ganzen Körper. Er hatte Angst, daß seine Frau am nächsten Morgen alles erraten würde. Er faßte sich ins Gesicht und merkte, daß er aus einer Wunde blutete. Er ging ins Bad und schaute sich im Spiegel an. Er begriff: er würde nur schwer verheimlichen können, daß er so spät besoffen heimgekommen war. Aber die Angst vor seiner Frau machte ihn ein bißchen nüchtern, ein bißchen wach, und so versuchte er, seine Wunden irgendwie zu vertuschen.

Als seine Frau am nächsten Morgen ins Bad kam, schrie sie auf: „Bist du also wieder besoffen gewesen und spät heimgekommen!"

Er sagte: „Was meinst du damit? Woher weißt du das?"

Sie sagte: „Komm mal her!"

Und dann war ihm alles klar: er hatte das Klebepflaster auf den Spiegel geklebt! Er hatte alle Wunden mit Pflaster zugeklebt, und zwar auf dem Gesicht im Spiegel!

Was will man von einem Besoffenen mehr erwarten?

Der Mensch kann sich ganz ohne Bewußtsein erschaffen – ganz mechanisch, wie ein Roboter; genau das tun Millionen von Menschen. Deshalb sind sie Hindus, Mohammedaner, Christen und Buddhisten, obwohl jeder von ihnen selbst ein Buddha, Christus, Krishna oder Mohammed sein könnte. Sie ahmen andere nach, sind falsch, pseudo, unecht. Ihr ganzes Leben ist eine nie endende Tragödie. Sie überlassen ihr Leben dem Zufall, rennen im Zickzack. Sie sind wie Treibholz, dem Wind und den Wellen ausgeliefert. Sie arbeiten überhaupt nicht an sich.

Und genau das ist Sannyas: eine bewußte Entscheidung, deine Seele zu erschaffen, ein bewußtes Bemühen, dir selbst eine bestimmte Form, eine bestimmte Gestalt zu geben, dir dein eigenes Drehbuch zu schreiben. Du bist als unbeschriebenes Blatt auf die Welt gekommen, jetzt mußt du deine eigene Geschichte darauf schreiben. Der Mensch ist ein Werden, eine Entwicklung, eine Gelegenheit, eine Leiter, eine Brücke.

Aber Millionen von Menschen nehmen ihr Leben als selbstverständlich hin. Sie glauben, daß mit ihrer Geburt schon alles getan ist. Das ist sehr bedauerlich. Die Geburt ist nur ein Anfang, nicht das Ende. Die Geburt ist nicht das Leben, sie gibt dir lediglich die Chance, das Leben zu gestalten.

Es hängt alles nur von dir ab, und niemand außer dir selbst ist verantwortlich. Also drücke dich nicht vor der Verantwortung, versuche nie, sie anderen auf die Schultern zu schieben. Das haben die Menschen jahrtausendelang getan. Zuerst mit dem Argument: „Es ist der liebe Gott, er hat schon alles entschieden, wir sind nichts weiter als Gottes Werkzeug; wir selbst können gar nichts tun."

Sogar ein Mann wie Krishna sagt zu Arjuna: „Hab keine Angst. Im Krieg kannst du ruhig morden, denn Gott hat schon entschieden, wer getötet und wer gerettet werden soll. Mehr noch, er hat es sogar schon selbst erledigt – du bist nur ein Mittel zum Zweck. Wenn du sie nicht tötest, dann macht es eben ein anderer. Warum willst du dich also drücken? Erfülle einfach deine Pflicht! Und die liegt fest, Gott hat darüber schon entschieden."

So argumentiert Krishna in der *Srimad Bhagavad Gita*. Er versucht, seinen Schüler Arjuna zum Kampf zu motivieren. Und Arjuna antwortete ihm: „Ich sehe überhaupt keinen Sinn darin, so viele Menschen zu töten; Millionen Menschen umzubringen, nur für dieses Königreich, ist doch sinnlos. Und diejenigen, die ich umbringen soll, sind meine Freunde, meine Verwandten, meine Kameraden; wir sind zusammen aufgewachsen. Meine Brüder . . . sogar mein Lehrer steht auf der anderen Seite! Auf dieser Seite sind meine Freunde, und auf der anderen Seite sind auch meine Freunde."

Es war eine Familienfehde – B r ü d e r bekämpften einander – und so war die ganze Familie, waren die Freunde in zwei feindliche Lager gespalten. Und Arjuna sagte: „Es ist besser, ich vergesse diese ganze Idee. Und wofür sollte ich danach noch leben, nachdem ich all diese schönen Menschen ermordet habe, die ich so sehr geliebt und geachtet habe? Selbst wenn ich gewinne, das ist mir nichts wert. Ich werde mich schuldig fühlen, ich werde nie wieder glücklich sein können. Ich gehe besser in die Wälder, ziehe mich aus der Welt zurück, meditiere, arbeite an mir selbst. Diese ganze Sache ist ein absurdes nutzloses Unterfangen!"

Er wollte den Krieg nicht mitmachen, aber Krishna überzeugte ihn schließlich. Und seine ganze Argumentation kreiste ausschließlich um diesen einzigen Punkt: „Die Entscheidung liegt nicht bei dir, Gott hat schon alles entschieden."

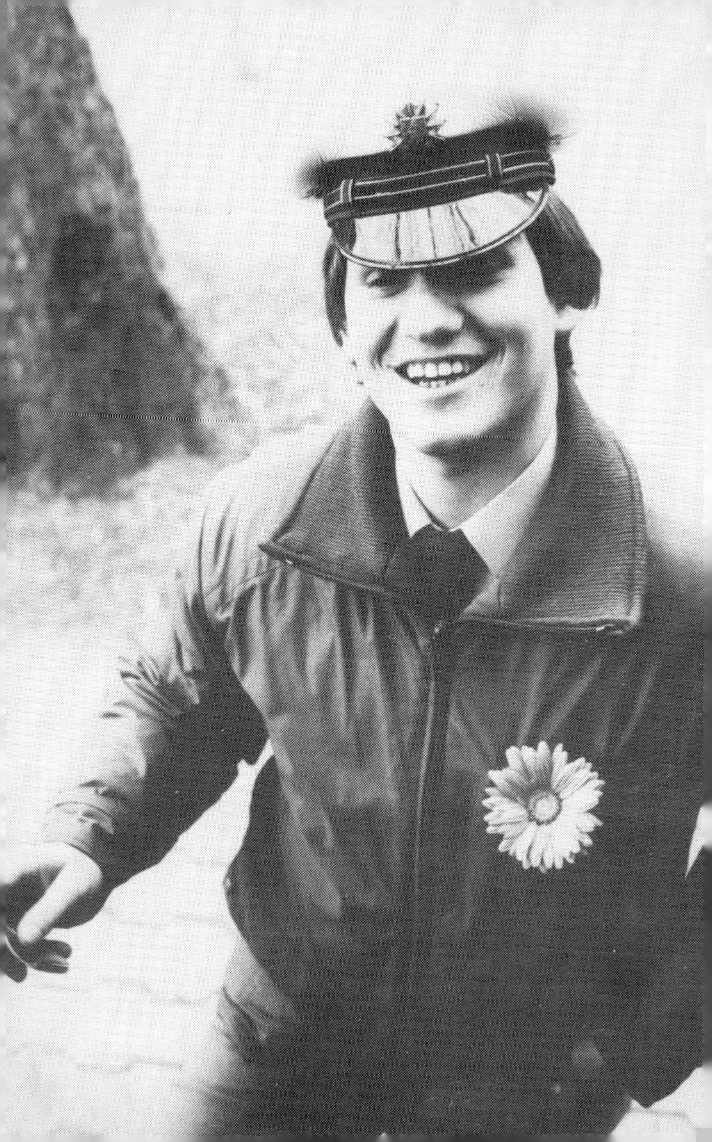

Alle Religionen der Welt haben genau das gleiche getan, nur mit anderen Worten: sie haben den Menschen seiner Freiheit beraubt. Der Glaube an ein Schicksal bedeutet den Tod deiner Freiheit. Wer an das Schicksal glaubt, lebt mechanisch, ist nur eine Maschine. Er ist kein Mensch, er hat kein eigenes Leben.

Ich bin ganz und gar nicht mit Krishna einverstanden. Im Prinzip schiebt er einfach die Verantwortung auf jemanden namens Gott ab. Keiner weiß, ob dieser „jemand" überhaupt existiert, und selbst wenn es diesen Gott gäbe, kann er nicht so viel Unheil anrichten und den Menschen zum Tier reduzieren; das würde bedeuten, daß es keinem Menschen je möglich wäre, ein Buddha zu werden, erleuchtet zu werden – das wäre unmöglich. Und wenn es schon vorherbestimmt ist, daß du ein Buddha wirst, dann hat diese Buddhaschaft keine Würde mehr. Der eine wird zum Mörder, weil es Gott so bestimmt hat, ein anderer wird ein Buddha, weil es Gott so bestimmt hat – was ist Schönes daran, auf diese Weise ein Buddha zu werden? Beide sind Sklaven – Sklaven des Schicksals.

Es gibt auch Religionen, die die Vorstellung von Gott ganz abgelegt haben, wie zum Beispiel Buddhismus und Jainismus. Aber die Vorstellung, daß das Leben vorherbestimmt ist, konnten sie nicht aufgeben, und so haben sie etwas Neues erfunden. Sie redeten über vergangene Leben und schufen die ganze Philosophie des Karmas: dein Karma wird von deinen früheren Leben beeinflußt – und zwar nicht nur von einem vergangenen Leben, nein, von allen deinen früheren Leben. Du hast schon Tausende von Leben gelebt, und sie alle bestimmen darüber, was aus dir wird; es liegt nicht in deiner Hand. Die Vergangenheit bestimmt über deine Gegenwart und über deine Zukunft – wieder genau dasselbe, nur die Bezeichnung ist anders. Und es wird euch überraschen zu hören, daß dieses Spiel jahrhundertelang immer wieder gespielt wurde – nur unter verschiedenen Namen.

Hegel, einer der größten Philosophen, verwarf die Vorstellung von den vergangenen Leben, weil es in der christlichen, mohammedanischen und in der jüdischen Philosophie nur ein einziges Leben gibt; also muß entweder Gott entscheiden oder das Leben ist Freiheit. Und die ganze Verantwortung auf Gott zu schieben . . . das konnte Hegel nicht, denn er war ein Logiker, ein großer Philosoph. Er konnte absolut nicht einsehen, warum Gott darüber entscheiden sollte, wer von uns ein Buddha oder ein Christus werden soll. Wozu? Aus welchem Grund? Es schien ihm ein allzu willkürliches Spiel zu sein. Und warum sollte Gott immer wieder das gleiche Spiel spielen? Millionen Menschen führen ein miserables Leben, und Gott hat bestimmt, daß sie dieses Leben führen sollen?

Nur von Zeit zu Zeit gibt es einmal einen Menschen, der blüht und wächst, der selig ist, aber darüber braucht man gar nicht viel Aufhebens zu machen, denn das ist ja auch vorher bestimmt. Einer ist darauf programmiert, glücklich zu sein, also ist er glücklich. Einem anderen ist es bestimmt, unglücklich zu sein, also ist er unglücklich. Aber nach welchem Kriterium entscheidet Gott, wer glücklich und wer unglücklich werden soll? Die Jainas und die Buddhisten haben dafür wenigstens ein rationales Argument: deine vergangenen Leben.

Hegel hat sich für die Geschichte entschieden; Sie (er schreibt sie groß) ist für ihn das, was für die anderen Gott ist. Jetzt ist es die Geschichte, die das Schicksal bestimmt; nicht mehr die Vergangenheit des Einzelnen, sondern die kollektive Vergangenheit der Gesellschaft bestimmt über das Schicksal. Die Geschichte spielt für ihn die Rolle von Gott, ersetzt die Philosophie des Karma.

Und dann kam Karl Marx, ein Schüler Hegels, und er sagte: es ist nicht die Geschichte, sondern die Wirtschaftsstruktur. Die Wirtschaft, der Klassenkampf – sie bestimmen das Schicksal. Aber über eines sind sie sich alle einig: ein anderer trägt die Verantwortung. Nenne es Gott, Geschichte, Karma, Wirtschaftsstruktur – über dieses eine stimmen sie absolut überein: du bist nicht frei.

Und in diesem Punkt bin ich mit all diesen Traditionen uneins. Der Mensch ist absolut frei. Der Mensch wird als freier Mensch geboren, und wenn er in Ketten leben will, so ist das auch seine freie Entscheidung; es ist seine freie Entscheidung, wenn er im Gefängnis leben will. Tatsächlich steht ihm die ganze multi-dimensionale Existenz offen und er ist frei, in jeder beliebigen Richtung zu wachsen.

Der Mensch ist Freiheit, absolute Freiheit, aber diese Freiheit bringt enorme Verantwortung. Wenn du frei bist, bist du zum ersten Mal verantwortlich, und alles was du tust, erfordert deine Bewußtheit. Du mußt wach sein und dir bewußt sein über das, was du tust, was du denkst, was du träumst, denn selbst deine Träume haben Einfluß auf dein Leben.

Einerseits empfindest du diese Verantwortung, dche selbst zu erschaffen, als eine schwere Last; auf der anderen Seite aber macht sie dich ganz leicht, denn wenn dir etwas schiefläuft, kannst du es verbessern. Du kannst alles, was du tust, auch wieder rückgängig machen, kannst wieder ganz von vorne anfangen, kannst die Vergangenheit ausradieren und wieder neu anfangen.

Sannyas nehmen heißt, aus der Vergangenheit ausbrechen: was immer du auch warst – Kommunist, Katholik, Hindu, Mohammedaner – du läßt es hinter dir. Du ziehst einen Schlußstrich unter deine Vergangenheit und fängst noch einmal ganz neu an. Es ist eine Wiederauferstehung – ein Tod und eine Wiederauferstehung.

Die Vergangenheit stirbt und etwas völlig Neues erwacht zum Leben; und dieses Neue hat nichts mit der Vergangenheit zu tun, es ist keine Fortsetzung der Vergangenheit.

Der Mensch ist eine Leiter. Das unterste Ende der Leiter steht auf der Erde, in der Welt, und das andere, das obere Ende, ragt ins Paradies. Diese Leiter hat viele Sprossen, und drei davon sind ganz besonders wichtig. Alle Sprossen können in diese drei Kategorien eingeteilt werden.

Die erste Kategorie ist die Sexualität; sie ist sehr nahe bei der tierischen Welt, sie ist die unterste Sprosse. Die zweite Kategorie von Sprossen ist genau in der Mitte – ich nenne sie Liebe. Die Liebe macht dich zum Menschen: du bist über das Tierstadium hinausgegangen, du bist kein Tier mehr. Die Liebe gibt dir den ersten Geschmack von Menschlichkeit. Die dritte und höchste Kategorie ist Gebet; Gebet macht dich göttlich. Das sind die drei grundlegenden Ebenen: Tier, Mensch, Göttlichkeit.

Werde vom Tier zum Menschen, aber vergiß nie – auch der Mensch muß transzendiert werden. Erst wenn Andächtigkeit in dein Herz kommt, erst wenn deine Sex-Energie zu Liebe und dann zu Andächtigkeit transformiert ist . . . Sexualität ist biologisch, physiologisch, chemisch. Liebe ist ein psychologisches Phänomen. Und Gebet, Andächtigkeit, ist Spiritualität.

In der reinen Sexualtität beutet man den andern aus, man nimmt sich, soviel man nur nehmen kann; man benutzt den andern als Mittel zum Zweck.

Liebe ist genau das Gegenteil: man gibt alles, was man hat, man benutzt den andern nicht als Mittel, sondern man liebt ihn so, wie er ist. Wer wirklich liebt, hat große Achtung für den andern, achtet seine Freiheit und seinen eigenen Raum.

Und Andächtigkeit ist das Verschmelzen und Zerfließen mit dem Ganzen, mit dem andern. Den andern gibt es nicht mehr – „Ich" und „Du" werden eins. In der Sexualität sind „Ich" und „Du" sehr ausgeprägt; daraus entsteht der ständige Kampf, es entsteht keine Kommunion, keine Kommunikation – es ist nichts weiter als Ausbeutung. Beide Partner spielen ihre politischen Spielchen, wollen einander beherrschen, den andern zum Sklaven, zu einer Ware reduzieren.

So war es bisher auf der ganzen Welt. „Ehemann" und „Ehefrau" sind häßliche Bezeichnungen. Ein Mann ist etwas Schönes, aber aus einem Mann einen Ehemann zu machen, ist eine Erniedrigung. Es ist schön, eine Frau zu sein, aber eine Ehefrau ist nur eine Einrichtung. Ehemann und Ehefrau sind Institutionen – und damit machen sie ihr Leben zum Irrenhaus: sie produzieren ein Kind nach dem anderen, und das Irrenhaus wird immer verrückter. Sie schaffen es irgendwie, dabei zu überleben, aber ihr Leben ist ohne Musik, ohne Anmut; es ist nur häßlich. Und sie erhalten ihr Lächeln nach außen hin aufrecht, sie verstecken ihre Tränen und ihre Wunden.

Liebe achtet den andern. In der Welt der Liebe gibt es keine Ehepaare – kann es so etwas gar nicht geben; da gibt es Geliebte, vielleicht höchstens Freunde, aber keine Ehepartner. Es gibt intensives, intimes Zusammensein, leidenschaftliches Teilen mit dem andern, aber keine Besitzansprüche, keine Eifersucht.

Die Liebe steht genau in der Mitte zwischen Sex und Andächtigkeit – „Ich" und „Du" können miteinander kommunizieren, haben einen Dialog. Einen Dialog kann es nur zwischen zwei freien Menschen geben, zwischen zwei Individuen, nicht zwischen einem Ehemann und einer Ehefrau. Für sie kann es nur Streit, Nörgelei, Kampf geben; ein Dialog ist in einer Ehe nicht möglich.

Habt ihr jemals einen Dialog zwischen Ehepartnern erlebt? Unmöglich! Sobald der eine etwas sagt, stürzt sich der andere auf ihn und macht ihm die Hölle heiß. Der eine sagt etwas, aber der andere versteht etwas ganz anderes. Ehepaare können sich nicht einmal eins sein über das, was sie reden; und so richten sie sich nach und nach darauf ein, gar nicht mehr miteinander zu reden. Sie reden nur das Allernötigste miteinander, möglichst im Telegrammstil, jedes Wort ist so wertvoll! Je kürzer das Telegramm, desto besser, denn jedes einzelne Wort kann ein riesiges Chaos anrichten.

Ein Freund sagte einmal zu Mulla Nasruddin: „Meine Frau kann tagelang reden! Der kleinste Anlaß, und sie schießt los."

Mulla Nasruddin: „Das ist doch gar nichts! Meine Frau braucht nicht einmal einen Anlaß – sie ist ein Kaltstarter! Erst kürzlich saß ich ganz ruhig da, da kam sie plötzlich und fragte mich: ‚Was sitzt du so still da? Was soll diese stille Herumsitzerei? Hast du deine Stimme verloren? Kannst du nicht mal was Nettes zu mir sagen?'"

Zwischen Menschen, die sich lieben, i s t der Dialog möglich, es gibt keinen Konflikt.

Wenn du den andern nicht zu deinem Sklaven herabsetzt, ist der Kampf unnötig. Kampf und Konflikt sind Anzeichen dafür, daß du den andern beherrschen willst, daß du versuchst, ihn kleinzumachen, und der andere kämpft mit der gleichen Waffe – du fühlst es. Es geht ums Überleben, um den Sieg.

In der Liebe geht es nicht um Sieg oder Niederlage, keiner will den andern beherrschen; deshalb ist Kommunikation möglich, deshalb ist ein Dialog möglich. Und der Dialog hat große Schönheit, Vertrautheit.

Wenn du andächtig bist, geschieht das Höchste: „Ich" und „Du" gehen in einer Einheit auf. Wenn „Ich" und „Du" verschwinden, geschieht Transzendenz; und diese Transzendenz ist Gebet. Dann wird der Geliebte ein Fenster zum Ganzen. Du löst dich in dem Geliebten auf und stellst auf einmal fest, daß du einen Sprung hinein ins Ganze getan hast. So wird die Liebe zur Tür zum Höchsten.

Der Mensch gelangt erst dann zu seiner Seele, wenn er seine Sexualität ganz und gar in Gebet transformiert hat. Der Mensch ist eine Leiter, und du bist erst dann ein Mensch, wenn du in jedem Augenblick in die Höhen und Tiefen wächst, wenn du jeden Augenblick dem Everest der Selbstverwirklichung entgegenwächst. Wenn du die Gelegenheit versäumst, wenn du die Herausforderung nicht annimmst, wenn du dich nicht auf das Abenteuer einläßt, wenn du dich versteckst – dann bist du ein Feigling. Ein Mensch muß bereit sein, muß in jedem Augenblick bereit sein für die Reise ins Unbekannte, in das Unkennbare. Er muß dem Ruf der Ewigkeit, dem Ruf des Unerforschten folgen können.

Der Mensch ist eine Pilgerreise vom Tier zur Göttlichkeit.

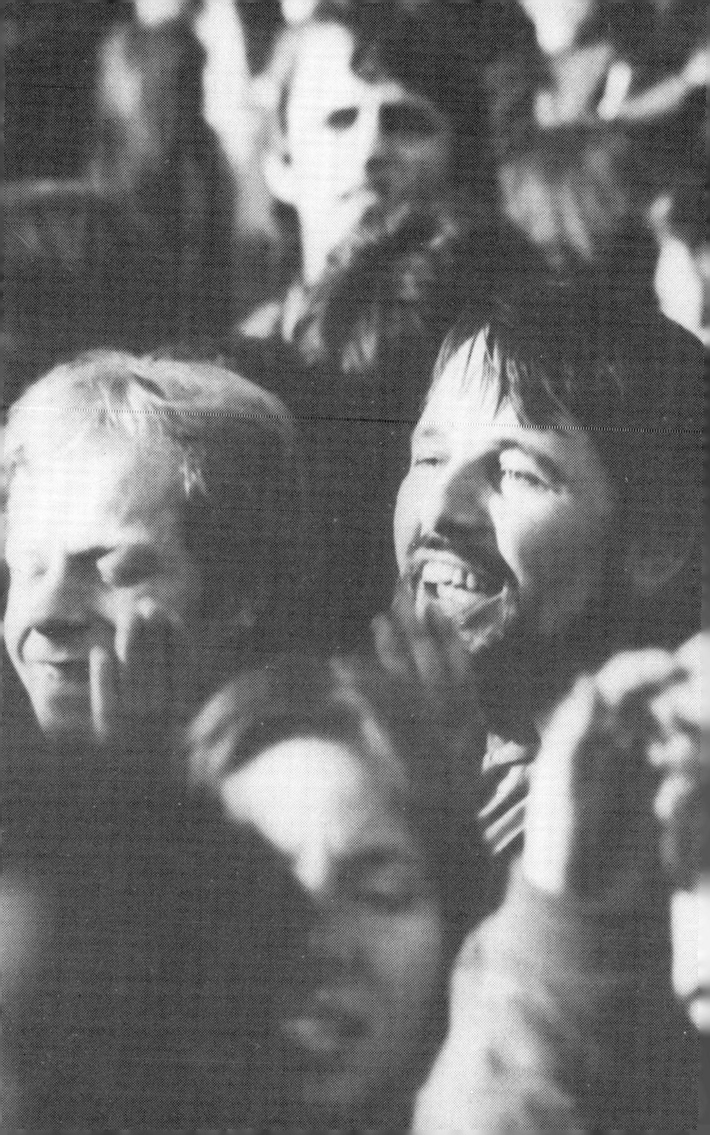

Sorbas der Buddha

Aus dem Buch: „Philosophia Perennis", Band 2
Auszug des Vortrags vom 1. Januar 1979

Das ist meine Botschaft an die Menschheit: Erschafft einen neuen Menschen – ungespalten, integriert, vollständig.

Buddha ist nicht vollständig, und der Grieche Sorbas ist auch nicht vollständig. Beide sind nur halb. Ich liebe Sorbas, ich liebe Buddha. Aber wenn ich tief in das Innere von Sorbas blicke, fehlt etwas: er hat keine Seele. Wenn ich in Buddha hineinschaue, fehlt ebenfalls etwas: er hat keinen Körper.

Ich lehre eine große Synthese: die Synthese von Sorbas und Buddha. Ich lehre Sorbas den Buddha – eine neue Verbindung. Die Vereinigung von Himmel und Erde, die Vereinigung des Sichtbaren und des Unsichtbaren, die Vereinigung aller Gegensätze: Mann und Frau, Tag und Nacht, Sommer und Winter, Sex und Samadhi. Nur aus dieser Vereinigung wird ein neuer Mensch entstehen.

Meine Sannyasins, meine Leute, sind die ersten Strahlen dieses neuen Menschen, des *Homo novus*.

YES
BHAGWAN
YES

Die Krone der Schöpfung

Aus dem Buch: „The Secret"
Vortrag vom 22. Oktober 1978

*B*HAGWAN, *der Mensch ist doch das Ziel aller Evolution?* . . .

Die Evolution hat kein Ziel. Die bloße Vorstellung eines Zieles ist mittelmäßig; sie ist ein Gemeinplatz. Die Existenz ist spielerisch, ohne Absicht, ohne Zweck. Sie ist *leela*; sie ist keine Anstrengung. Aber wir denken in Begriffen der Wirtschaft, des Geschäfts; wir denken in Begriffen des Marktes. Alles muß einen Zweck haben.

Die Menschen kommen zu mir und fragen: „Was ist das Ziel der Meditation?" Sie setzen voraus, daß ein Ziel dahinter sein muß. Es gibt keines. Meditation ist selbst das Ziel. Darüberhinaus gibt es kein anderes Ziel. „Was ist der Zweck der Liebe?" – Ist Liebe ein Mittel zum Zweck, oder ist sie Selbstzweck?

Zweck bedeutet Trennung zwischen dem Ziel und den Mitteln. Welchen Zweck hat das Grün dieser Bäume, welchen Zweck hat der Gesang des Vogels, welchen Zweck hat der Sonnenaufgang, welchen Zweck hat die Sternennacht? Welchen Zweck? Wenn es einen Zweck gäbe, wäre die Existenz sehr häßlich. Und die Frage bliebe. Wenn du sagst: „A ist der Zweck", dann erhebt sich die Frage: „Und was ist der Zweck von A?" Und es nimmt kein Ende.

Es gibt überhaupt keinen Zweck. Darum ist das Leben so schön.

Jemand fragte Pablo Picasso: „Welchen Sinn haben Ihre Gemälde?", und er sagte: „Warum fragen Sie nicht die Rose im Garten: ‚Welchen Sinn hast du?' Warum fragen Sie nicht einen singenden Vogel: ‚Welchen Zweck hat dein Singen?' Warum fragen Sie nicht die Sonne und den Mond? Warum belästigen Sie mich? Wenn die Rose ohne Zweck blühen kann, warum kann ich dann nicht auch malen? Ich liebe das Malen, das ist alles."

Aber wir haben einen sehr mittelmäßigen Verstand; wir denken immer in Zweckbegriffen. Zweck bedeutet Geschäft; Zweck bedeutet: „Ich tue dieses für jenes." Und an dieser Zweckfixiertheit liegt es, daß du nie irgendetwas total machst – du kannst es nicht, denn es interessiert dich nicht, eine Sache einfach für sich selbst zu tun. Der Zweck spielt immer mit.

Du malst, um Geld damit zu verdienen. Dann kann dein Gemälde nicht großartig wrden; es ist nicht möglich, weil du dich nicht beim Malen verlierst. Du denkst ständig: „Wieviel werde ich dafür bekommen? Wird es verkaufbar sein, und wer könnte es kaufen? Wem soll ich es anbieten? Wie soll ich dafür werben?" – Während du malst! Dein Bild mag eine technisch einwandfrei ausgeführte Arbeit sein, aber es wird kein Kunstwerk sein. Du bist kein Künstler; du bist kein Schöpfer.

Der wahre Künstler verschwindet in seiner Kunst. Während er malt, gibt es ihn nicht: er ist in *fana*, einem Zustand von Abwesenheit. Das Gemälde geschieht von selbst. Er macht es nicht; er ist nicht der Handelnde. Großartige Werke entstehen so. Dann ist es sekundär, ob es sich verkaufen läßt oder nicht; das ist nicht der Zweck. Das hatte der Maler nicht im Sinn, als er es malte. Natürlich braucht er auch etwas zum Leben, und er wird es verkaufen; aber das ist eine andere Sache. Er verfolgte keine Absicht, als er es malte; er dachte beim Malen nicht an seinen Lebensunterhalt. Und wenn er daran denkt, dann ist r kein Maler, sondern nur ein Geschäftsmann.

Beachtet den Unterschied zwischen einem Techniker und einem Künstler: der Techniker arbeitet mit einem Ziel vor Augen; der Künstler kennt kein anderes Ziel als die Kunst, um der Kunst willen.

Und warum fragst du dies: *Der Mensch ist doch das Ziel aller Evolution?* . . .

Geh und frag die Papageien. Vielleicht glauben sie ebenfalls, daß sie das Ziel der Evolution sind. Schau, wie grün sie sind, und wie rot ihre Schnäbel! Was hast du im Vergleich zu ihnen? Und die wunderbaren Flügel, und ihr Flug – im Zickzack, so verspielt – und die Art, wie sie singen. Sie halten sich bestimmt für das Ziel aller Evolution.

Oder frag die Löwen, oder die Elefanten. Sie müssen glauben, daß sie das Ziel sind. Denkst du etwa, ein Löwe hält den Menschen für das Ziel der Evolution? In der Löwenbibel steht geschrieben: „Gott schuf den Löwen nach seinem Ebenbilde."

Dieser arme Mensch ist doch wirklich sehr arm: du hast nicht die Stärke des Löwen, du kannst nicht so weit fliegen wie der Adler, du hast nicht die Grazie des Elefanten, du hast nicht die Schönheit der Lotosblüte. Was hast du denn, daß du dich für das Ziel der Evolution hältst, daß du glaubst, Gott hätte dich als etwas Besonderes geschaffen?

Aber so sind die Egoisten; so ist das Ego. Das Ego möchte gern hören: „Du bist das Ziel aller Evolution."

Du hast gefragt: *Der Mensch ist doch das Ziel aller Evolution?* . . . Nun überleg mal, ist die Frau das Ziel oder der Mann? Wenn du ein Mann bist, wirst du denken: der Mann; wenn du eine Frau bist, wirst du denken: natürlich die Frau. Überlege weiter: wenn du ein Mann bist und zu dem Schluß kommst, daß der Mann das Ziel ist und nicht die Frau – welcher ist es dann: ein Schwarzer oder ein Weißer? Wenn du schwarz bist, wirst du denken: ein Schwarzer; wenn du weiß bist, wirst du denken: ein Weißer. Wenn du auf diese Weise immer tiefer bohrst, wirst du schließlich zu dem Schluß kommen: „Ich bin das Ziel aller Evolution." Sieh die Absurdität!

Es gibt eine russische Parabel:
Ein Mann ging vorbei und spuckte dreimal auf dieselbe Stelle. Der Mann ging weiter, die Spuckflecken blieben. Da sagte einer der Spuckflecken: „Wir sind hier, aber der Mann nicht." Und der zweite sagte: „Er ist weg." Und der dritte: „Allein aus diesem Grund kam er hierher: um uns hierher zu pflanzen. Wir sind das Ziel des menschlichen Lebens. Er ist weg, aber wir sind noch da."

Laß alle egoistischen Ideen fallen. Es gibt kein Ziel – weder Mann noch Frau, weder Vögel noch andere Tiere. Es gibt kein Ziel, und es gibt keinen Zweck. Die Existenz bewegt sich nicht auf etwas zu. Sie ist reine Freude, Überfülle, Jubel – zu gar keinem anderen Zweck.

Das Leben freut sich über sich selbst; die Energie freut sich über sich selbst. Sie ist wie ein Kind, das hüpft und tanzt und schreit. Wenn du es nach dem Zweck fragst, wird es sich über deine dumme Frage wundern. Schreien, Hüpfen, Tanzen ist genug. Was braucht man noch für einen Zweck? Aber wenn ihr älter werdet, vergeßt ihr es; ihr fangt an, nur Dinge zu tun, die sich lohnen. Nur wenn es sich auszahlt, macht ihr es.

Aber ihr fragt euch ständig: „Welchen Zweck hat das?" Ohne Zweck singt ihr kein Lied. Ihr tanzt nicht, ihr liebt nicht, ihr malt nicht, ihr singt nicht. Was hätte das alles für einen Zweck?

Aber gegen Bezahlung, ja! Geld scheint also das Ziel von allem zu sein. Und was hat Geld für einen Zweck? Wenn ihr einmal nicht mehr seid, wird das Geld noch dasein. Und eure Hundertmarkscheine werden denken: „Wir waren das Ziel dieses Menschen. Wir sind jetzt hier, und er ist weg. Bestimmt ist er hierhergekommen, um uns zu sammeln – wozu sonst?" Ihr werdet fort sein, aber euer Haus wird noch da sein, und es wird sagen: „Schaut! Wir waren also das Ziel im Leben dieses Menschen."

Es gibt überhaupt kein Ziel. Das zu verstehen bringt Freiheit; das zu verstehen nenne ich spirituelle Einsicht. Der Mensch, der für ein Ziel lebt, ist ein Materialist; und der Mensch, der einfach lebt, für gar kein Ziel, der Mensch, der einfach lebt, als ob er einen Morgenspaziergang macht – ohne Zweck und Ziel – dieser Mensch ist spirituell; sein Leben ist heilig. Das nenne ich Heiligkeit.

Der neue Mensch –
ein neues Schaf?

Aus dem Buch: „I Am That"
Vortrag vom 22. Oktober 1980

BHAGWAN, befürchtest du nicht, daß hier anstelle eines neuen Menschentyps ein neuer Typ von Schaf entsteht?

Ich befürchte gar nichts, denn selbst wenn ein neues Schaf entsteht, ist es besser als das alte Schaf – zumindest wird es neu sein! Und neu sein ist gut, neu sein ist frisch, neu sein eröffnet neue Möglichkeiten. Darum befürchte ich nichts.

Aber du mußt sehr an dem alten Typ Schaf hängen, darum hast d u die Befürchtung. Ich kann nur versuchen, einem neuen Menschen zur Geburt zu verhelfen, aber ich kann die Geburt nicht absolut garantieren. Ich werde mein Bestes tun. Es spielt für mich keine Rolle, ob ich Erfolg habe oder nicht. Was zählt ist, ob ich mein Bestes versucht habe oder nicht – und ich versuche mein Bestes. Und das ist a l l e s, woran ich interessiert bin.

Ich liebe meine Arbeit. Wen kümmert das Ergebnis? Die Menschen, die sich zu sehr um das Ergebnis sorgen, verschwenden nur ihre Energie; sich um das Ergebnis zu sorgen, nimmt viel Energie weg. Wenn man ängstlich um das Ergebnis besorgt ist, ist man abgelenkt. Dann wird das Ziel viel wichtiger als die Reise selbst.

Für mich ist die Reise schon genug, die Suche selbst ist mehr als genug. Für mich sind die Mittel und das Ziel nicht getrennt, sie sind untrennbar eins. Darum habe ich Spaß an dem, was ich tue; was sich ergibt, ist für mich ganz ohne Bedeutung.

Aber warum machst du dir Sorgen? Du mußt daran interessiert sein, daß die Menschen in ihren alten Fallgruben bleiben. Ich kann nur eines tun . . .

Ihr kennt sicher das alte Sprichwort . . . hier ist eine neue Version dieses alten Sprichwortes: „Man kann einen Hippie zum Wasser führen, aber man kann ihn nicht zum Baden zwingen."

Ich werde den Hippie zum Wasser führen – soviel kann ich tun – ich werde ihn überreden, aber dann liegt es an ihm, in den Fluß hineinzuspringen oder nicht. Und wer bin ich, daß ich ihn in den Fluß werfe? Ich kann ihm den Weg zum Fluß zeigen, ich kann ihn sogar bis zum Fluß hinführen, aber dann ist es seine Freiheit. Wenn er sich entscheidet, derselbe zu bleiben, werde ich ihn in seiner Freiheit nicht behindern. Ich werde nichts gegen seinen Willen tun.

Ich liebe jeden Menschen, wie er ist. Ich liebe meine Arbeit; es ist für mich überhaupt keine Arbeit, weil ich sie liebe. Es ist nur ein Spiel. Aber in dir scheint es ziemlich problematisch zu sein. Deine Frage hat nichts mit meiner Arbeit zu tun; sie hat etwas mit deinen Vorurteilen zu tun.

Du fragst mich: *Befürchtest du nicht, daß hier anstelle eines neuen Menschentyps ein neuer Typ Schaf entsteht?*

Ich versuche, dem neuen Menschen zur Entstehung zu verhelfen. Selbst wenn von hundert nur ein neuer Mensch entsteht, wird es das Bewußtsein der ganzen Menschheit einen Schritt vorwärts, einen Schritt aufwärts bringen. Die Möglichkeit ist gegeben, daß viele zu einem neuen Typ Schaf werden, aber das ist dann auch nicht schlimm, auch das ist ein Fortschritt. Besser ist es, lebendig, jung, frisch, neu zu sein – selbst wenn man ein Schaf ist. Aber du mußt irgendwie ein tiefes Interesse haben, Menschen in ihren alten Mustern festzuhalten: du mußt darin etwas investiert haben. Deine Vorurteile müssen die eines Christen, eines Juden, eines Hindu, eines Mohammedaners sein.

Zwei Musiker gingen auf der Straße, als eine große Glocke von einem Gebäude, das in der Nähe abgerissen wurde, mit einem lauten Schlag zu Boden fiel.
„Was ist das?", fragte der eine.
„Ich bin nicht sicher", sagte der andere, „aber ich glaube, es war ein Des."

Die Menschen haben ihre eigene Sprache, ihre eigenen Vorurteile, und sie hängen an ihren Vorurteilen. Sogar wenn ihre Vorurteile ihnen nur Unglück bringen, hängen sie noch an ihnen.
Wenn du ein altes Schaf bist, werde wenigstens zu einem neuen Schaf – einem orangenen! Keine sehr große Revolution, aber auch eine kleine Veränderung ist gut. Nur eine kleine Veränderung . . . und eine kleine Veränderung kann die Türen für größere Veränderungen öffnen.

Zwei Landstreicher saßen mit dem Rücken an eine alte Eiche gelehnt. Vor ihnen plätscherte ein Bach. Trotz des wunderschönen Tages war einer von den beiden sehr niedergeschlagen.
„Weißt du, Slim", sagte er, „dieses Trampen durchs Leben ist auch nicht mehr das, was es einmal war. Es wird von Jahr zu Jahr schlimmer. Früher konnte ich leicht auf einen Güterzug aufspringen, aber diese Dieselloks von

heute fahren ja wie verrückt. Und langsam wird es mir zu blöd, meine Nächte in einer ungemütlichen Scheune oder auf einer Parkbank zu verbringen und mir Sorgen zu machen, wo ich mein nächstes Essen herkriegen soll. Gelegenheitsjobs sind auch immer schwerer zu kriegen . . ." Er verstummte mit einem Seufzer.

Sein Kumpel sah ihn an: „Wenn du dich so fühlst, warum hängst du nicht das ganze an den Nagel und suchst dir 'nen richtigen Job?"

Da hob der erste Tramp den Kopf und rief entsetzt: „Was? – und zugeben, daß ich ein Versager bin?"

Nicht einmal ein Landstreicher, ein Tramp, ein Bettler mag zugeben, daß er ein Versager ist.

Die Art, wie du diese Frage gestellt hast, zeigt, daß du ein altes Schaf bist – katholisch, protestantisch – und du hast Angst vor dem neuen Schaf. Der neue Mensch ist dir gleichgültig. Das alte Schaf macht sich Sorgen, denn was wird mit seinen alten Vorurteilen, den alten Meinungen, der alten Ideologie? Es sieht aus wie ein Bruch mit der Vergangenheit, als ob man stirbt und wiedergeboren wird.

Aber diejenigen, die bereit sind, das Alte loszulassen, sind keine Schafe. Allein schon der Mut, das Alte fallenzulassen, genügt, um zu beweisen, daß sie Löwen sind! Allein der Mut und die Bereitschaft, aus ihrer alten Haut herauszuschlüpfen, aus ihren alten Vorurteilen, alten Ideologien, Religionen, Philosophien, zeigt eines sehr klar, absolut deutlich: daß sie keine Schafe sind. Und genau dieser Mut macht Hoffnung auf die Geburt eines neuen Menschen.

Leg einfach deine alten Vorurteile beiseite und versuche zu verstehen, was hier geschieht. Laß dich ein wenig mehr ein, nimm teil an dem, was hier geschieht. Du hast nach deinen alten Glaubenssätzen gelebt. Wenn du damit zufrieden bist, werde ich der letzte sein, der dich stört; aber wenn du zufrieden bist, warum bist du dann hier? Wozu? Du mußt also unzufrieden sein.

Das ist einer der seltsamsten Züge am Menschen: Selbst wenn er unzufrieden ist, hält er an seinem Glauben fest und gibt vor, zufrieden zu sein. Und immer, wenn es eine Chance zur Veränderung gäbe – und tatsächlich sucht er eine Gelegenheit zur Veränderung, das ist ja das Seltsame – aber wenn er dann eine Möglichkeit zur Veränderung findet, klammert er sich an die Vergangenheit.

Ein Preisboxer, der an Schlaflosigkeit litt, suchte einen Arzt auf. „Haben Sie schon versucht, Schafe zu zählen?", fragte der Doktor.
„Doch, aber es hilft nichts. Jedesmal wenn ich bei neun bin, springe ich wieder auf."

Ein alter Preisboxer! Sobald er bei neun ist, kann er sich nicht zurückhalten. Statt ihm zu helfen, stört es ihn beim Einschlafen – und er springt wieder auf. Die Menschen funktionieren mechanisch, unbewußt. Deine Frage kommt aus deiner Unbewußtheit.

Die Bar befand sich in der Nähe einer Kaserne, und die hübsche Bardame war bei den Rekruten sehr beliebt, besonders weil sie sie gegenüber den arroganten Offizieren bevorzugte. Eines Nachts saß ein höflicher junger Soldat neben einem aufgeblasenen Oberleutnant, der versuchte, ein Rendezvous mit dem Barmädchen zu vereinbaren.
Als der Leutnant eben mal zur Toilette geht, neigt die Bardame sich dem jungen Soldaten zu und flüstert ihm ins Ohr: „Jetzt hast du deine Chance, Soldat!" – Der Rekrut sieht auf die verführerischen roten Lippen und brüllt los: „Jawoll!" – Und trinkt hastig das Bier des Offiziers leer.

Du bist hier, aber du bist nicht wirklich hier. Und die Art, wie ich spreche, muß für dich sehr schwer zu verstehen sein. Wenn du den Predigten der Priester in den Kirchen oder in den Tempeln oder in den Moscheen zugehört hast, wird das, was ich sage, dir sehr unreligiös vorkommen; es wird dir seltsam vorkommen, verglichen mit deinen Vorstellungen, was Spiritualität sein sollte. Aber ich kann nicht das sagen, was du zu hören gewöhnt bist. Du wartest vielleicht auf irgendeinen esoterischen Scheißdreck!

Kohn kommt gerade vom Arzt nach Hause und trifft seinen Freund, der ihn fragt: „W-w-was f-f-fehlt d-d-dir?"
„Ich hab Prostatitis", antwortet Kohn.
„Wa-w-wa-w-w-was ist d-d-d-d-das?"
„Ich pisse so wie du redest!"

Der neue Mensch kann nur entstehen, wenn alles neu wird: die Art, wie ich rede, die Art, wie meine Leute leben, die Art, wie sie sich benehmen – all das muß völlig anders sein als beim alten Menschen. Der neue Mensch kann nicht an eure korrupte Moral glauben; eure Moral hat nur Heuchler hervorgebracht. Der neue Mensch kann nur authentisch leben; er kann sich nicht um eure Begriffe von Moral und Unmoral kümmern. Er kann nur meditativ leben. Er kann nicht als charaktervoll gelten, wie ihr es gewöhnlich von religiösen Leuten meint.

Der neue Mensch wird kein Mensch von Charakter sein; der neue Mensch wird völlig charakterlos sein. Aber wenn ich „charakterlos" sage, mißversteht mich bitte nicht. Ich spreche nicht so, wie i h r es versteht. Für mich ist der charakterlose Mensch der einzige Mensch, der Charakter hat. Ich nenne ihn charakterlos, weil er nicht irgendwelchen Vorschriften von außen folgt. Er lebt nach seiner inneren Einsicht; er lebt meditativ.

Sein Charakter kommt nicht aus seinem Gewissen. Gewissen ist eine Instanz, die euch von der Gesellschaft eingepflanzt wurde; sie ist nicht von euch. Nennt das Gewissen nicht eures – es ist nicht eures. Es gehört der christlichen Kirche, es gehört der hinduistischen Religion, es gehört der Jain-Philosophie, es gehört der kommunistischen Ideologie. Es hat nichts mit euch zu tun; es wurde euch von anderen eingepflanzt. Es ist eine sehr subtile Strategie, euch von innen her zu beherrschen. Außen haben sie den Polizisten, den Richter, das Gericht etabliert, und innen haben sie das Gewissen eingeführt.

Der wahre Mensch, der neue Mensch, wird nach seinem Bewußtsein leben, nicht nach seinem Gewissen. Ganz selbstverständlich wird er immer das tun, was sein Bewußtsein für richtig hält, ohne an das Risiko zu denken oder den Preis, den er dafür zahlen muß. Selbst wenn es sein Leben kostet, wird er bereit sein, den Preis zu zahlen, denn es gibt höhere Dinge als das Leben selbst. Bewußtsein ist viel höher als Leben. Aber er wird keinem Gewissen folgen.

Der Mensch des Gewissens gilt als Mensch von Charakter. Darum nenne ich den neuen Menschen charakterlos, denn er wird überhaupt kein Gewissen haben. Er wird aus dem Bewußtsein heraus funktionieren. Seine Gebote werden aus seinem eigenen Zentrum kommen, und wenn sie aus deinem eigenen Zentrum kommen, geben sie dir Freiheit. Und aus Freiheit erhält das Leben ein neues Aroma, eine neue Schönheit. Du tust das Richtige, aber jetzt wird das Richtige nicht mehr von anderen bestimmt. Es ist keine Sklaverei mehr; es ist absolute Freiheit.

Der neue Mensch wird aus der Meditation leben, aus dem Bewußtsein, aus seinem eigenen inneren Licht. Der neue Mensch wird ein Individuum sein, und nicht Teil eines Kollektivs.

Meine Sannyasins hier bilden kein Kollektiv. Jeder einzelne meiner Sannyasins ist mit mir direkt verbunden. Es ist keine Kirche, es ist keine Organisation. Es ist eine Liebesbeziehung. Und weil sie mich alle lieben, fangen sie natürlich auch an, sich gegenseitig zu lieben. Das ist die Folge. Ihre Liebe zu mir ist zuerst da, und dann ist ihre Liebe zu anderen Sannyasins die Folge; sie sind alle Weggenossen. Aber niemand muß mir folgen oder irgend jemand anderem. Es ist eine Kommune von Weggenossen, von Menschen, die gemeinsam suchen.

Es gibt keinen qualitativen Unterschied zwischen mir und meinen Sannyasins. Es gibt einen einzigen Unterschied, der sehr sehr klein ist. Ich bin mir meiner inneren Welt bewußt, und sie sind es nicht. Aber sie haben die innere Welt so gut wie ich. Ich habe nicht mehr davon, sie haben nicht weniger davon. Sie haben das ganze Königreich Gottes in sich selbst. Ich bin in keiner Weise etwas Besonderes. Ich behaupte nicht, daß ich der Sohn Gottes sei. Ich behaupte nicht, daß ich ein *avatar* Gottes sei, ich behaupte nicht, daß ich ein *teerthankara* sei. Ich sage nur eines: Ich habe geschlafen, jetzt bin ich erwacht. Ihr schlaft und ihr könnt auch aufwachen. Ich kenne beide Zustände: den Zustand des Schlafens und den Zustand des Wachens – und ihr kennt nur einen Zustand, den des Schlafens.

Aber denkt daran: Der Mensch, der schlafen kann, kann auch aufwachen. Allein die Tatsache, daß er schlafen kann, ist ein Hinweis, daß er aufwachen kann! Es gibt überhaupt keinen Unterschied.

Ich werde weiter versuchen, Menschen zum Aufwachen zu bringen. Der erwachte Mensch wird der neue Mensch sein. Er wird kein Christ sein, kein Hindu, kein Mohammedaner; er wird kein Inder sein, kein Deutscher, kein Engländer. Er wird einfach nur ein Erwachter sein.

Aber es ist möglich, daß ein paar Leute sich nur in eine neue Art von Schaf verwandeln werden – aber auch das ist nicht schlimm. Verglichen mit einem alten Schaf ist es immerhin besser. Wenn du also ein altes Schaf bist, werde ein neues Schaf, und von dort beginnt die Reise – eine Möglichkeit. Wenn das alte Schaf ein neues Schaf werden kann, ist das eine radikale Veränderung. Das Schaf, das sich entschließt, neu zu werden, ist eine Revolution. Und wenn soviel möglich ist, dann ist noch viel mehr möglich.

*B*HAGWAN, *was ist der Unterschied zwischen einem Optimisten und einem Pessimisten?*

Nicht viel. Ein Optimist glaubt, daß wir in der besten aller möglichen Welten leben.

Ein Pessimist fürchtet, daß das wahr ist.

Aus dem Buch: „Walking in Zen, Sitting in Zen"
Vortrag vom 3. Mai 1980

Innen und außen reich

Aus dem Buch: „Philosophia Perennis", Band 2
Auszug des Vortrags vom 1. Januar 1979

Der Mensch sollte äußerlich und innerlich ein reiches Leben führen. Es ist nicht nötig zu wählen. Das Innere ist nicht gegen das Äußere; sie gehören zum selben Zusammenhang.

Um innerlich reich zu sein, braucht ihr nicht äußerlich arm sein. Und wenn ihr äußerlich reich seid, braucht ihr nicht aufhören, auch innerlich reich zu sein. Aber so war es bisher: der Westen hat die eine Seite gewählt – sei äußerlich reich! Der Osten hat die andere Seite gewählt – sei innerlich reich! Beide sind einseitig. Beide haben daran gelitten und leiden immer noch daran.

Ich lehre euch den vollkommenen Reichtum. Seid äußerlich reich – durch die Wissenschaft, und seid reich in eurem innersten Wesen – durch die Religion. Das wird euch ganz machen, organisch, zu Individuen.

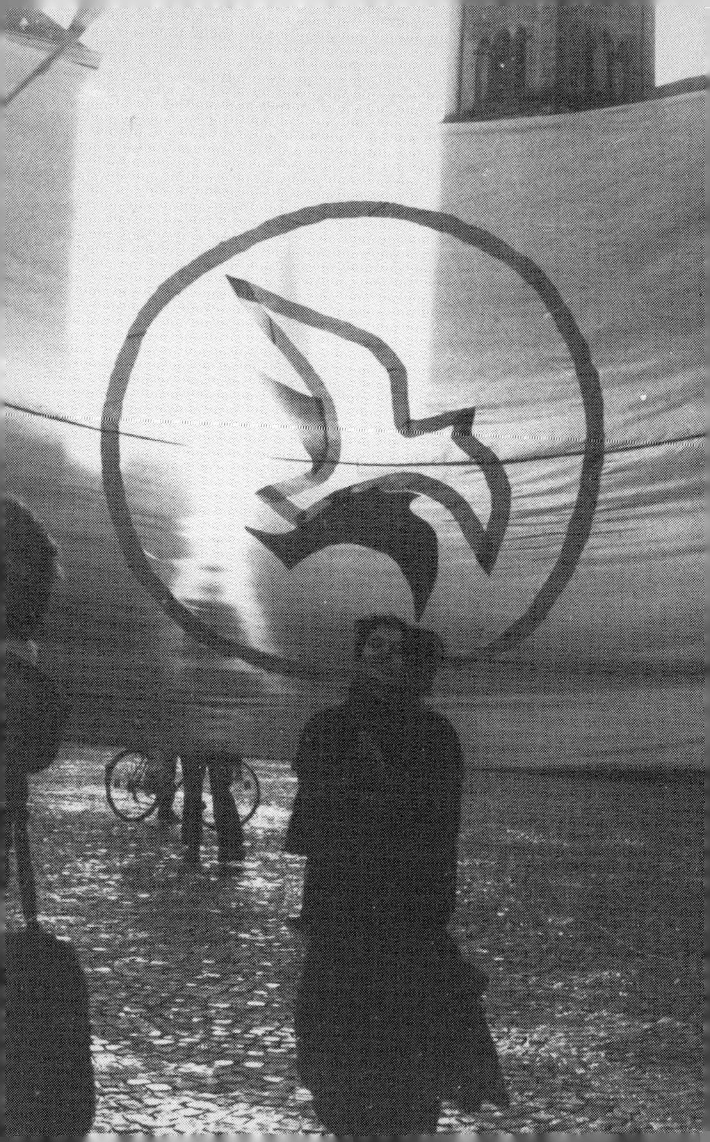

Was ist Freiheit?

Aus dem Buch: „The Secret
Vortrag vom 16. Oktober 1978

*B*HAGWAN, *wir müssen frei sein. Aber wo endet die Freiheit und wo beginnt die Selbstsucht?*

Freiheit muß man verstehen. Sie ist eine sehr delikate Sache, eine sehr subtile Sache, sehr tiefgehend, denn Freiheit ist gleichbedeutend mit Gott.

Darum stritt Mahavira die Existenz Gottes ab; für ihn war die Existenz Freiheit, und das genügte. Er nannte die höchste Freiheit *moksha*. *Moksha* bedeutet absolute Freiheit, höchste Freiheit; dann ist es nicht notwendig, von Gott zu reden. Freiheit ist ein anderer Name für Gott.

Drei Dinge müßt ihr verstehen. Erstens, es gibt eine Art Freiheit, mit der ihr vertraut seid: das ist die Freiheit v o n. Ein Kind will von seinen Eltern frei sein. Der Sklave will von seinem Meister, von seinem Herrn frei sein. Das ist „Freiheit von". Es ist eine Reaktion. Es ist das Ego, das sich behauptet. Und ich behaupte nicht, daß daran etwas falsch ist; ihr müßt nur die verschiedenen Nuancen der Freiheit beachten.

Wenn ihr „Freiheit von" sucht, werdet ihr früher oder später in eine andere Fallgrube stürzen – denn sie ist eine Reaktion und kein Verstehen.

So war es mit allen Revolutionen der Vergangenheit. 1917 revoltierten die armen Massen in Rußland gegen den Zaren; sie wollten sich vom Zarentum befreien. Und als sie frei waren, wurden sie von neuem versklavt, weil sie keine positive Vorstellung von Freiheit hatten. Ihre Idee von Freiheit war negativ. Ihr einziges Anliegen war, sich vom Zaren zu befreien. Sie übersahen dabei, sie übersahen vollkommen, daß es ihnen nicht helfen würde, sich vom Zaren zu befreien. Sie übersahen vollkommen, daß ein anderer Zar bevorstand.

In dem Augenblick, wo ihr euch vom alten Zaren befreit habt, wird sich der neue Zar auf euch stürzen – und der neue wird noch mächtiger sein, und der neue wird eine viel gefährlichere Sklaverei schaffen, denn der neue wird wissen, daß ihr revoltieren könnt. Ihr habt gegen den alten revoltiert: er wird ein besseres, stärkeres Gebäude der Sklaverei errichten müssen, damit ihr nicht mehr revoltieren könnt. Er wird sicherlich vorsichtiger sein.

So war es in Rußland. Stalin erwies sich als größerer Zar als alle Zaren zusammengenommen. Er massakrierte, er mordete mehr Menschen als alle Zaren zusammengenommen. Selbst Iwan der Schreckliche war nicht so schrecklich wie Josef Stalin.

Stalin war nicht sein wirklicher Name – den gaben ihm die Leute. Er erhielt ihn als Anerkennung, aber tatsächlich ist es kein Kompliment. „Stalin" bedeutet „ein Mann aus Stahl". Ja, wir nennen starke Leute, mutige Leute Menschen aus Stahl. Es stellte sich heraus, daß es ein böses Omen war: er erwies sich als Mensch ohne Herz.

Ein Mensch, der wirklich stark ist, ist nicht herzlos, denn ohne Herz bist du eine Maschine, kein Mensch. Der wirklich Starke ist hart wir Stahl und gleichzeitig weich wie ein Lotosblütenblatt. Nur dann ist der Mensch wirklich.

Aber Stalin war nur Stahl, ein Roboter – ohne Herz, ohne Mitgefühl, ohne Liebe. Er tötete Millionen Russen; er brachte die bisher größte Sklaverei in der Geschichte hervor. Selbst Adolf Hitler stand weit hinter ihm zurück.

Adolf Hitler schuf Konzentrationslager, das stimmt, aber Stalin machte das ganze Land zu einem Konzentrationslager. Rußland ist ein einziges Konzentrationslager, und nichts anderes. Das ganze Land ist ein Konzentrationslager. Jeder einzelne Mensch wird überwacht, die Leute werden aufeinander gehetzt. Du kannst nicht einmal mit deiner eigenen Frau aufrichtig reden, denn wer weiß? – sie wird dich vielleicht denunzieren. Du kannst nicht einmal mit deinen Kindern reden, denn sie sind Mitglieder des Jugendverbandes; sie könnten dich denunzieren. Und man bringt ihnen bei, man bringt den Frauen bei, daß das Land, daß der Kommunismus das einzig Wertvolle sei; alles andere muß man dafür opfern. Kleinen Kindern bringt man bei, ihre Väter und Mütter zu bespitzeln und beobachten, sie zu belauschen und es weiterzumelden – denn der Kommunismus ist Gott. Alles andere wird geopfert.

Das ganze Land wurde zum Konzentrationslager. Die Menschen haben sogar Angst zu denken, denn wer weiß? – deine Gedanken könnten ja irgendwie bekannt werden. Wer weiß – an deinem Kopf könnte eine Elektrode festgemacht sein, die der Kommunistischen Partei deine Gedanken übermittelt.

Heutzutage ist es möglich, wissenschaftlich ist es möglich, Elektroden am Kopf zu befestigen. Du würdest es niemals bemerken, denn tief innen im Schädel fühlst du nichts. Wenn man dort etwas anbringt, wirst du es überhaupt nicht wissen; du wirst es nicht spüren. Aber die Parteizentrale könnte so ständig darüber informiert werden, was du denkst, welche Art von Gedanken dich bewegen;

sie empfängt die Signale. Und es ist sehr wahrscheinlich, daß man es mit den Menschen in den kommunistischen Ländern so machen wird.

Die Menschen revoltierten gegen den Zaren – und gerieten sogleich in die Klauen und Krallen eines viel gefährlicheren Zaren. Rußland scheint das einzige Land zu sein, wo keine Chance auf eine Revolution besteht; seine ureigensten Wurzeln sind abgeschnitten. Es scheint unmöglich, daß Rußland jemals wieder eine Revolution erlebt.

Wenn ihr also nach „Freiheit von" strebt . . . zum Beispiel, wenn ihr Freiheit von der Gesellschaft, vom Establishment sucht, werdet ihr in die Falle irgendeiner alternativen Gesellschaft geraten. Ihr werdet Hippies oder Yippies oder sowas werden, und so seid ihr wieder in derselben Falle. Wenn die etablierte Gesellschaft nicht wünscht, daß ihr lange Haare tragt, dann wird die Hippie-Gemeinschaft von euch verlangen, daß ihr lange Haare habt. Wenn ihr keine langen Haare habt, seht ihr komisch aus. Die Leute werden euch auslachen, für Außenseiter halten. Sie werden denken, ihr seid stupide, aber keine Rebellen. Wenn ihr also versucht, aus der einen Sklaverei auszubrechen, müßt ihr zwangsläufig in eine andere geraten, denn innerlich seid ihr bereits zu Sklaven programmiert. Ihr könnt die Herrn wechseln, sonst nichts.

Der Christ kann Hindu werden, der Hindu kann Mohammedaner werden, der Mohammedaner kann Jude werden – es macht keinen Unterschied. Du wechselst nur den Herrn, aber du bleibst derselbe. Vorher warst du vom Hindu-Priester abhängig, jetzt bist du vom christlichen Priester abhängig. Vorher warst du vom Koran abhängig, jetzt hängst du von der Gita ab, aber die Abhängigkeit bleibt bestehen. Das ist nicht die wahre Freiheit.

„Freiheit von" ist nicht die wahre Freiheit.

Dann gibt es noch eine andere Art von Freiheit: die Freiheit für – die zweite Art Freiheit, bei weitem besser als die erste. Die erste ist negativ. Die zweite ist positiv: man will frei sein, etwas zu tun. Du willst zum Beispiel von deiner Familie frei sein, weil du die Musik liebst. Du bist eigentlich nicht gegen deine Familie, aber du bist für die Musik, und die Familie baut Hindernisse auf – darum läufst du vor der Familie davon. Du bist nicht gegen die Familie, gegen die Eltern, aber sie wollen, daß du Ingenieur wirst, und du willst doch Musiker werden.

Und es ist gut, Musiker zu sein, selbst wenn du dafür leiden mußt. Es ist besser, Musiker zu sein, wenn du wirklich Musiker sein willst, wenn du leidenschaftlich danach verlangst – besser, als ein erfolgreicher Ingenieur, reich, bequem und sicher. Du kannst reich, bequem, gesichert leben, aber dennoch wirst du tot sein, wenn du das tust, was du niemals tun wolltest. Wenn du leidenschaftlich gerne Musiker oder Tänzer oder Dichter werden willst, dann mach es. Du wirst vielleicht ein Bettler sein, du wirst vielleicht niemals berühmt werden, du wirst vielleicht niemals reich werden – denn die Gesellschaft braucht nicht viel Poesie.

Die Gesellschaft braucht nicht viel Musik, sie braucht mehr Waffen zum Töten. Sie braucht keine Lyrik, denn Lyrik kann im Krieg nichts nützen. Sie braucht Atombomben und Wasserstoffbomben. Sie braucht Soldaten, keine Sannyasins. Es ist eine Gesellschaft, die auf Haß beruht; es ist eine Gesellschaft, die in der Gewalt wurzelt. Es ist eine Gesellschaft, die gierig ist und durch Gier, Ehrgeiz und Lust lebt – Lust nach Macht.

Wenn du ein guter Kletterer auf der Erfolgsleiter bist, werden sich deine Eltern freuen – obwohl die Leiter nirgendwohin führt. Plötzlich eines Tages, wenn du Präsident des Landes geworden bist, auf der letzten Sprosse der

Leiter, wird dir klar: du bist am höchsten Punkt angekommen und nun sieht es aus, als ob dein ganzes Leben umsonst war – denn die Leiter führt nirgendwohin. Du hängst irgendwo in der Luft. Du bist nirgendwo angekommen.

Aber jetzt zuzugeben, daß es falsch war ... denn zumindest die Leute, die es nicht geschafft haben, glauben, daß du es erreicht hast. Jetzt zu sagen: „Ich habe nichts erreicht", erfordert großen Mut.

Das tat Buddha, als er auf sein Königreich verzichtete. Er sagte: „Es hat keine Bedeutung." Das tat Mahavira, als er auf sein Königreich verzichtete, das tat Ibrahim, als er auf sein Königreich verzichtete. Er sagte: „Es hat keine Bedeutung." Aber das sind wirklich mutige Menschen. Ansonsten sieht es zu dumm aus; jeder denkt, du hast es erreicht – warum es klarstellen? Warum nicht die Illusion weiterführen? Und welchen Sinn hat es zu sagen, daß du hinter etwas her warst, das absolut absurd, lächerlich ist, daß dein ganzes Leben für die Katz war? Warum es verbreiten, warum es zugeben? Behalt es für dich. Bleib weiterhin an der Spitze, bleib da, bis du stirbst, aber erzähle nie jemandem das Geheimnis, denn das würde beweisen, daß du ein völlig mittelmäßiges, unintelligentes Leben geführt hast.

Wenn du Musiker oder Dichter sein willst, sei ein Musiker, sei ein Poet. Und das ist die zweite Art von Freiheit: du wirst zumindest darüber glücklich sein, daß du dein eigenes Ding machst, und nicht das Ding von jemand anderem.

Und das ist meine Erfahrung: seine eigene Sache zu machen ist die größte Freude auf der Welt – was auch immer es ist – ob es von der Gesellschaft anerkannt wird oder nicht, ob es von der Gesellschaft geschätzt wird oder nicht, ob es auf dem Markt als Ware verkauft werden kann oder nicht.

Wenn es die Sache ist, die du dir leidenschaftlich wünschst, intensiv wünschst, dann tu es – zu welchem Preis auch immer, opfere dich dafür.

Das ist die zweite Art Freiheit: „Freiheit für". Dies ist ein positiver Ansatz, besser als der erste. Der erste Typ Mensch wird Politiker. Der zweite Typ Mensch wird Dichter, Maler, Künstler. Die erste Freiheit ist negativ, die zweite Freiheit ist positiv – aber denke daran, sie sind nur Aspekte derselben Sache.

Selbst die erste Art von Freiheit gibt noch vor, daß es ein Ziel gibt. Selbst der Politiker sagt: „Wir kämpfen, um frei zu sein – von dieser Art Gesellschaft, diesem System, dieser Politik. Wir kämpfen, um frei zu sein von dieser Gesellschaft, um eine andere Gesellschaft zu schaffen. Wir kämpfen für ein Ziel, für einen Wert, für eine Utopie, für eine Ideologie." Sogar er muß so tun als ob, denn das Negative kann nicht für sich stehen; man muß über das Positive zumindest reden. Und so spricht der Kommunismus von der klassenlosen Gesellschaft, von der Utopie, wo alles schön sein wird, vom Paradies auf Erden! Es wird unendlich lange dauern bis dahin, aber das Ziel muß vor Augen stehen. Sonst würden die Leute nicht für eine negative Freiheit kämpfen.

So beinhaltet also das Negative das Positive, und umgekehrt: das Positive beinhaltet das Negative. Wenn du Maler werden willst, und deine Eltern sind dagegen, und die Gesellschaft hält es für verrückt, mußt du mit ihnen kämpfen. Also wird die „Freiheit für" mit der „Freiheit von" zu tun haben; sie gehören zusammen.

Die wahre Freiheit ist die dritte Art – die transzendente Freiheit. Was ist das? Sie ist weder „von" noch „für"; sie ist einfach Freiheit. Sie ist einfach Freiheit. Das ist *moksha*: einfach Freiheit.

Sie ist weder gegen jemanden – es ist keine Reaktion – noch will sie eine Zukunft schaffen; es gibt kein Ziel. Man freut sich einfach, man selbst zu sein – einfach so; das ist genug.

„Freiheit von" erzeugt den Politiker, den Reformer, den Sozialarbeiter, den Kommunist, den Sozialist, den Faschist. „Freiheit für" erzeugt den Künstler, den Maler, den Dichter, den Tänzer, den Musiker. Und Freiheit einfach für sich erzeugt den Sannyasin, den spirituellen Menschen, den wahrhaft Religiösen.

Deine Frage lautet: *Wir müssen frei sein. Aber wo endet die Freiheit und wo beginnt die Selbstsucht?*
Die ersten beiden sind selbstsüchtig, egozentriert. Die erste, die „Freiheit von", ist sehr egoistisch, weil sie gegen etwas kämpfen muß. Sie ist gewaltsam; sie muß sehr egoistisch sein. Sie muß ungehorsam sein, sie muß zerstören, sie muß gegen den Status quo angehen. Sie benötigt ein großes Ego. Der Politiker ist nichts als reines Ego.

Die zweite, die „Freiheit für", hat auch ein Ego, aber weniger grob, subtiler, nicht so aufdringlich wie das des Politikers. Der Musiker hat auch ein Ego, aber zarter, weicher, mehr gentleman-like. Der Dichter hat auch ein Ego, aber nett, lieblich, nicht so bitter wie der erste. Sie sind beide Ausdruck des Egos.

Nur die dritte – die reine Freiheit – weder „von" noch „für", kennt kein Ego, keine Selbstsucht, denn die dritte Freiheit geschieht nur, wenn das Ego sich aufgelöst hat. Wenn das Ego noch da ist, wird die Freiheit entweder von der ersten oder von der zweiten Art sein. Die dritte Art von Freiheit erfordert als Grundvoraussetzung das Verschwinden des Ego: *fana*.

Man muß verstehen, was Ego ist, um die dritte Freiheit zu erlangen.

Beobachte, wie das Ego funktioniert. Beobachte es immer wieder. Es ist nicht notwendig, für etwas zu kämpfen, nicht notwendig, gegen etwas zu kämpfen; nur eines ist notwendig: zu beobachten und aufmerksam zu sein, wie das Ego funktioniert, seinen Mechanismus zu beobachten. Und langsam, ganz langsam wird durch diese Bewußtheit das Ego eines Tages verschwunden sein. Denn das Ego kann nur durch Unbewußtheit existieren. Wenn Bewußtheit kommt und Helligkeit eindringt, verschwindet das Ego wie die Dunkelheit. Und dann ist Freiheit da. Diese Freiheit kennt kein Ego.

Und diese Freiheit ist Liebe, und diese Freiheit ist Gott. Diese Freiheit ist *nirvana*, diese Freiheit ist Wahrheit. In dieser Freiheit existierst du in Gott, Gott existiert in dir. Dann kann durch dich nichts Falsches geschehen. Dann ist dein Leben Tugend. Dann ist selbst dein Atem Meditation. Dann gehst du, und es ist Poesie. Dann ist dein Stillsitzen Tanz. Dann bist du ein Segen für die Welt. Du bist gesegnet.

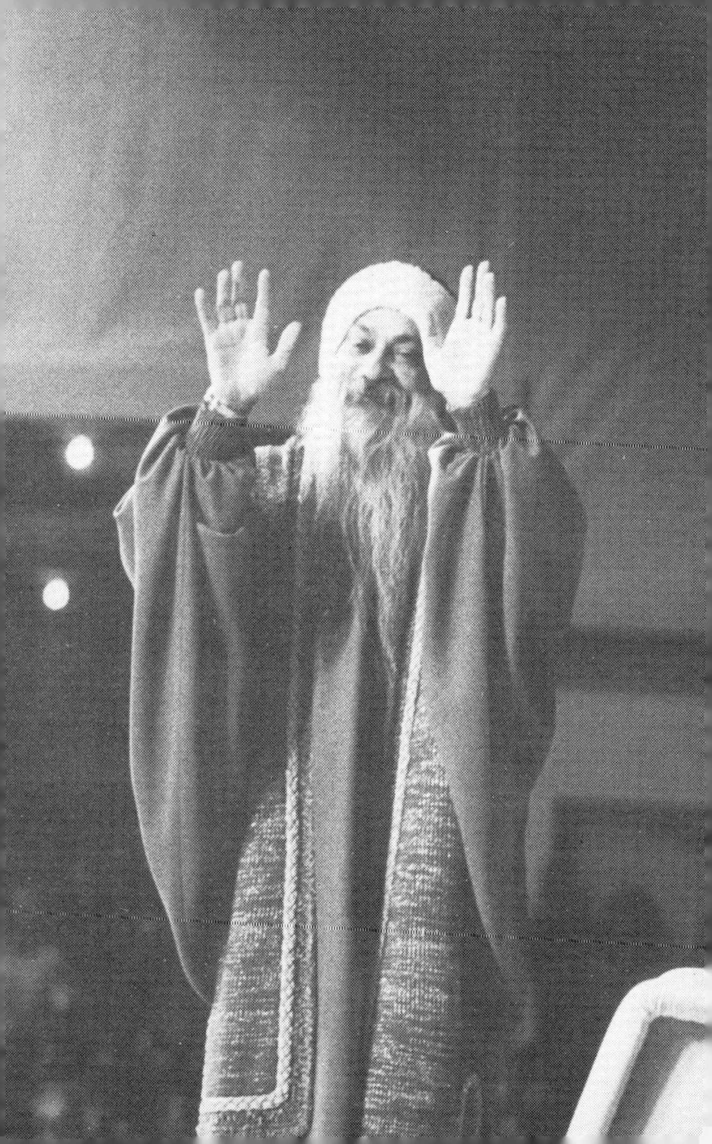

Ihr seid alle Buddhas

Aus dem Buch: „Philosophia Perennis", Band 2
Auszug des Vortrags vom 1. Januar 1979

Ich verkünde euch eure Buddhaschaft.
Aber was ist schiefgelaufen? Warum lebt der Mensch seit Tausenden von Jahren in einer Art Hölle? Seit Tausenden von Jahren leben wir mit einer Entweder/Oder-Vorstellung vom Menschen als Schlachtfeld zwischen dem Niedrigen und dem Höheren, dem Materiellen und dem Spirituellen, dem Diesseitigen und dem Jenseitigen, zwischen Gut und Böse, zwischen Gott und Teufel. Die Folge davon ist eine wesentliche Einschränkung der menschlichen Möglichkeiten.

Es wurde eine wirkungsvolle Strategie benutzt, um den Menschen zu zerstören, um seine Kraft zu zerstören – und sie besteht darin, den Menschen zu spalten. Der Mensch hat mit der Vorstellung von entweder/oder gelebt: entweder Materialist oder Spiritualist zu sein. Man hat euch gesagt, daß ihr nicht beides sein könnt. Seid entweder Körper oder seid Seele – man hat euch beigebracht, daß ihr nicht beides sein könnt.

Das ist die grundlegende Ursache für das Leiden des Menschen. Ein in sich gespaltener Mensch wird in der Hölle leben. Der Himmel entsteht, wenn der Mensch nicht mehr in sich gespalten ist. Ein gespaltener Mensch bedeutet Leiden, und ein integrierter Mensch bedeutet Glückseligkeit.

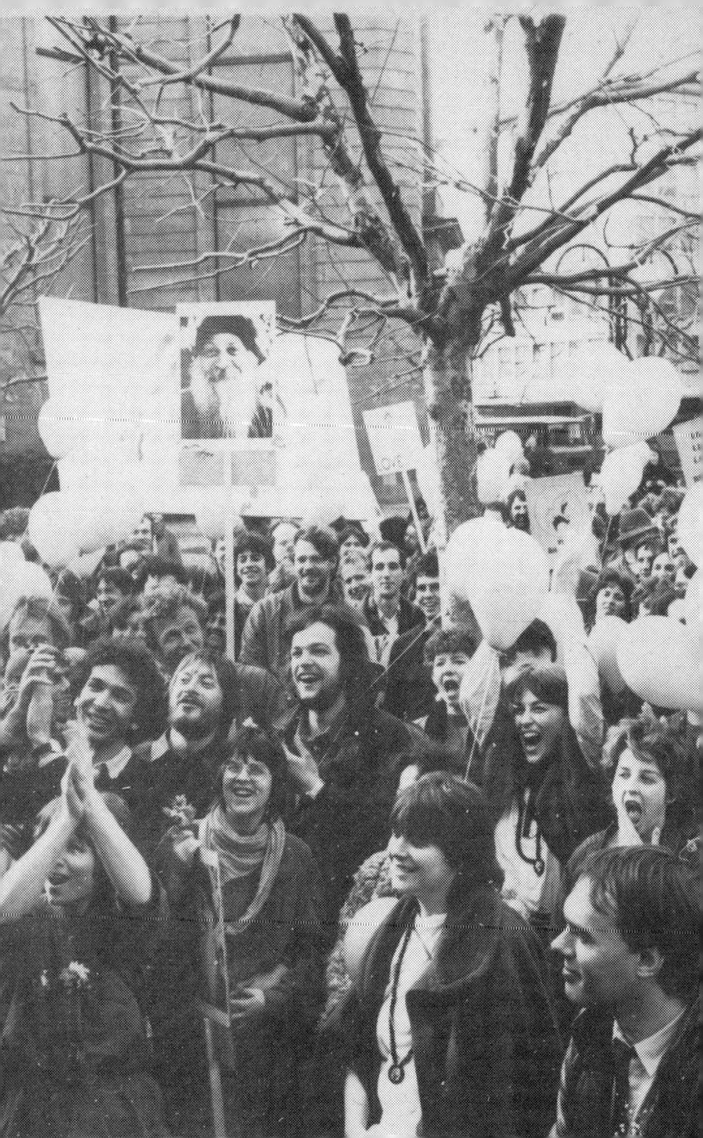

Ist deine Kommune sozialistisch?

Aus dem Buch: „I Am That"
Vortrag vom 25. Oktober 1980

BHAGWAN, du hast dich bei verschiedenen Gelegenheiten gegen den Sozialismus ausgesprochen, und trotzdem habe ich das Gefühl, daß diese Kommune das erste Experiment in lebendigem Sozialismus ist. Ist das schon wieder einer deiner Widersprüche?

Wahren Sozialismus kann es nur als die Aura einer Kommune geben, die sich in tiefer Meditation befindet. Sozialismus hat nichts mit der Sozialstruktur oder der Wirtschaft zu tun. Wahrer Sozialismus ist keine Revolution innerhalb der Gesellschaft – es ist kein gesellschaftliches Phänomen, sondern eine Revolution im Bewußtsein des einzelnen.

Wenn eine Menge Leute, die alle durch eine innere Revolution gehen, zusammenleben, entsteht zwangsläufig so etwas wie eine neue Qualität. Man kann es „Sozialismus" nennen; ein treffenderes Wort wäre „Kommunismus" – von „Kommune". Nur eine Kommune kann kommunistisch sein. Aber eine Kommune entsteht nur ganz selten.

Als Buddha noch lebte, entstand eine Kommune um ihn herum. Er nannte sie *sangha* – ein anderer Name für „Kommune". *Sangha* bedeutet: der Ort, wo die Eingeweihten ihr Ego fallengelassen haben und nicht mehr als Inseln existieren, sondern eins miteinander geworden sind – wo eine Kommune stattfindet. Zwischen zwei Köpfen findet Kommunikation statt; zwischen Herzen findet eine Kommunion statt.

Immer, wenn sich viele Herzen gleichzeitig öffnen, wenn sie aufgehen wie Blumen, wird ein ungeheurer Duft verströmt. Dieses Parfum umgibt einen Buddha. Man kann es das Buddhafeld nennen. Die ganze Energie hat eine völlig andere Qualität; es ist keine Politik damit verbunden.

Alle Politik gehört der Welt des Egos an. Das Politikspiel ist ein Egotrip: „Wie werde ich mächtiger als der andere?" Politik ist Ehrgeiz in seiner widerwärtigsten Form. Es ist die reine Verschlagenheit, die reine Ausbeutung. Es ist der Versuch, andere zu unterjochen. Jemandem, der meditiert, ist es unmöglich, Politik zu machen, denn um meditieren zu können, muß man sein Ego grundsätzlich fallenlassen. Du kannst deine Egotrips nicht weiter fortsetzen. Die Frage, besser oder mächtiger als andere zun werden, erhebt sich gar nicht mehr! In der Tat: der „andere" existiert nicht mehr.

Sowie das „Ich" verschwindet, verschwindet auch das „Du". Ich und Du existieren als zwei Seiten derselben Medaille. Laß dein Ich fallen, und du stellst überrascht fest, daß niemand getrennt von dir existiert. Die Realität wird als eine organische Einheit erkannt. Aber das ist nur möglich, wenn ein Zentrum vorhanden ist.

Nach Buddhas Tod lebte seine Kommune mindestens fünfhundert Jahre lang weiter, aber allmählich zerfiel sie und verschwand. Sie war so lange lebendig, wie hin und

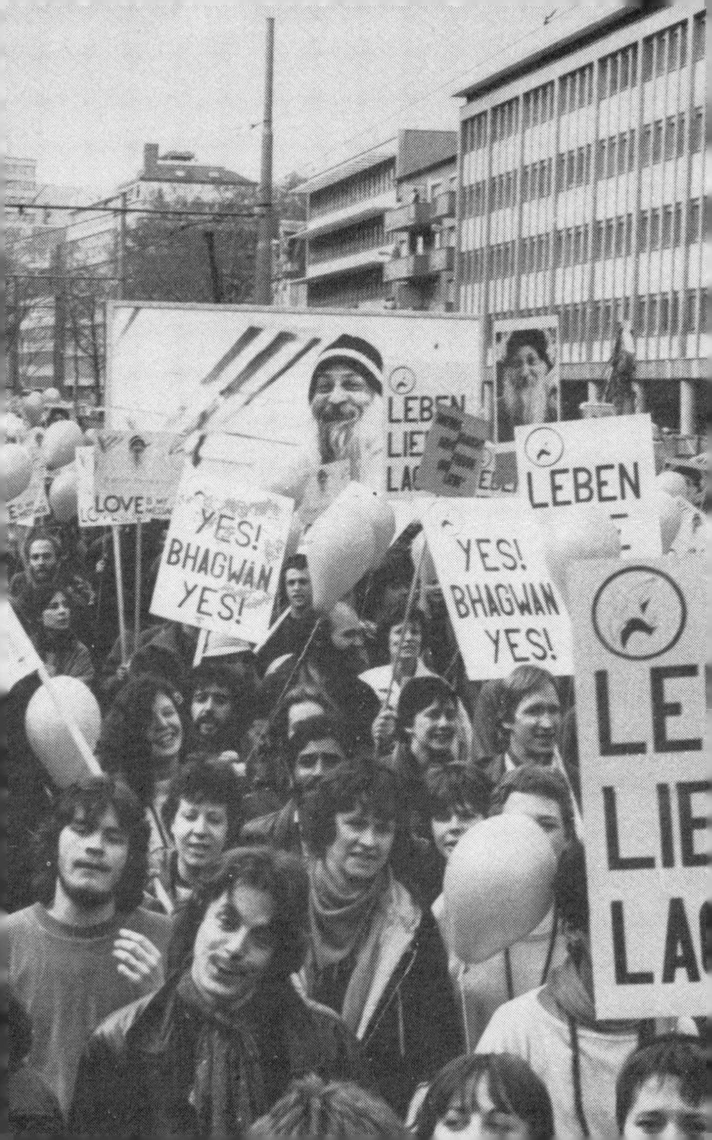
LEBEN
LEBEN
LOVE
YES!
BHAGWAN
YES!
YES!
BHAGWAN
YES!

wieder ein Mensch erleuchtet wurde und die Stelle des Buddhas einnahm. Aber als kein Erleuchteter mehr da war, als das Zentrum allmählich verlorenging, verschwand das ganze Feld. Wie kann es Strahlen geben ohne eine Sonne? Es ist ein vollkommen individuelles Ereignis.

Wenn ein Buddha da ist, entsteht zwangsläufig auch eine Kommune. Der Prozeß ist nicht aufzuhalten. Es ist unvermeidlich. Aus den entferntesten Winkeln der Erde strömen die wahren Sucher zum Buddha – ganz als würde sich eine duftende Blume öffnen, und die Bienen kommen aus weiter Ferne angeflogen. Der Duft wird zur unwiderstehlichen Anziehung – aber nur für die Bienen – nicht für jeden. Hunde laufen an der Blume vorbei, ohne sie auch nur anzusehen. Für die Hunde ist sie überhaupt nicht vorhanden; sie haben keine Empfindung dafür.

Der Buddha existiert nur für diejenigen, die die nötige Empfindsamkeit haben – die Wahrnehmung, die Empfänglichkeit, die Offenheit – und die auf der Suche sind. Unzählige haben Buddha gesehen und sind vorübergegangen. Millionen von Menschen sind ihm begegnet, ohne ihn zu erkennen. Für sie war er nur ein weiterer Gelehrter, ein weiterer heiliger Mann, und Indien war schon immer voll von Heiligen. Für sie war Buddha nichts Besonderes. Sie hörten ihm zu, sie holten sich ein bißchen Wissen von ihm und gingen ihres Weges.

Aber die, die genügend Sensibilität hatten, die ein Herz hatten, das mit der feinen Energie eines Buddhas schwingen konnte, mit diesem Hauch von einem Duft, gingen darin auf, vollkommen auf, und verschmolzen mit ihm, sie vereinigten sich mit ihm. Aus diesen hingegebenen Individuen entstand die Kommune, das Buddhafeld, die *sangha*.

Das gleiche geschah um Jesus herum, aber natürlich in kleinerem Maße, weil die Juden dem Innenleben des

Menschen nie viel Beachtung geschenkt haben. Sie sind extravertierte Leute; ihre gesamte Religion ist extravertiert geblieben. Jesus wurde nur von sehr wenigen erkannt. Diese wenigen kann man an den Fingern abzählen.

Es geschah immer und immer wieder in der Nähe solcher unschätzbarer Juwelen wie Laotse, Tschuangtse, Liehtse, Lin Chi, Bascho, Bahauddin, Jalaluddin Rumi, Kabir, Nanak – immer und immer wieder.

Aber das Problem ist, daß die Kommune vergeht, wenn der Meister stirbt und die Kette von Meistern nur eine kleine Weile fortbesteht. Nach Nanak kamen beispielsweise noch neun weitere Meister. Auf Adhinatha, den ersten Meister der Jainas, folgten vierundzwanzig *teerthankaras* – das ging von Adhinatha bis Mahavira, eine lange Zeit, fast dreitausend Jahre. Aber das ist selten. Und es kann nicht mit Regierungsgewalt herbeigeführt werden – sonst wäre es nicht das Wahre.

Ja, du hast recht: es handelt sich um einen meiner Widersprüche. Ich bin gegen euren Sozialismus, der dem Volk als wirtschaftliche und politische Ideologie aufgezwungen wird, denn damit wird etwas sehr Kostbares kaputtgemacht: das Individuum. Anstatt das Ego zu zerstören, wird das Individuum zerstört – das Ego dagegen wird aufgepäppelt! Das Ego wird von der Persönlichkeit vertreten.

Diese beiden Worte muß man ganz klar verstehen: Die Persönlichkeit ist das, was die Gesellschaft dir aufsetzt; und die Individualität ist das, was du aus höheren Dimensionen mitgebracht hast. Sie ist ein Geschenk Gottes. Die Individualität hat keinerlei Ego an sich; sie ist reine Egolosigkeit. Die Persönlichkeit ist nichts als Ego.

Die Gesellschaft zwingt jedem Individuum eine bestimmte Struktur, ein bestimmtes Verhaltensmuster auf. Die Gesellschaft hat eine ungeheure Angst vor authentischen Individuen. Sie erzeugt eine unechte Persönlichkeit, weil diese unechte Persönlichkeit ganz leicht manipuliert, beherrscht und dominiert werden kann. Die Persönlichkeit ist sehr gehorsam; die Persönlichkeit ist von der Gesellschaft abhängig, und zwar, weil sie von der Gesellschaft geschaffen wurde.

Wenn du dich von der Persönlichkeit, die die Gesellschaft dir eingegeben hat, freimachst, verlierst du dein gesellschaftliches Ansehen. Damit bricht dein Ego zusammen, und das macht dir soviel Angst, daß du die Forderungen der Eltern, der Lehrer, Priester, Politiker und so weiter, die Forderungen aller Leute erfüllst, die dich umgeben und ständig darauf aus sind, dich zu benutzen. Diese Leute sind auf die Persönlichkeit angewiesen und zwingen dir eine Persönlichkeit auf, die gegen deine Individualität ist. Du mußt deine Individualität unterdrücken, völlig außer acht lassen, um in der künstlichen, unechten Welt der Persönlichkeit leben zu können.

Und der Sozialismus zerstört die Individualität mehr noch als irgendeine andere Ideologie, denn Sozialismus bedeutet, daß die Gesellschaft das höchste Ziel ist, und nicht der einzelne. Der einzelne muß für die Gesellschaft geopfert werden – nicht umgekehrt – die Gesellschaft kann nicht für den einzelnen geopfert werden. Aber in Wirklichkeit ist Gesellschaft nur ein schönes Wort, hinter dem sich der häßliche Staat versteckt. Es ist in Wahrheit der Staat, der im Sozialismus dominiert, und der Staat ist gegen jede Individualität. Er vernichtet jegliche Individualität, er produziert Roboter. Er möchte, daß jeder einzelne nur eine gut funktionierende Maschine ist und nichts weiter.

Diese Art von Sozialismus lehne ich natürlich ab, aber es gibt noch eine andere Art von Sozialismus, für den ich absolut eintrete. Aber der Vorgang ist ein ganz anderer, nämlich der genau entgegengesetzte: die Individualität muß erhalten bleiben, und die Persönlichkeit muß aufgelöst werden.

Das ist es, was Hingabe an einen Meister bedeutet: du gibst dein Ego hin, nicht deine Individualität. Die Individualität kann nicht hergegeben werden. Wenn du dich aus freien Stücken hingibst und du nicht zur Hingabe gezwungen wirst, wenn es keine Frage von Unterwerfung ist – aus Liebe und Freude heraus gibst du dich hin, aus deiner Einsicht heraus – es ist deine Wahl und deine Entscheidung. Bei dieser Hingabe gibst du natürlich nur das Unwahre hin, das Wahre kann nicht hingegeben werden. Du bist die Wahrheit! Du wirfst nur alles ab, was dir aufgezwungen wurde, was man dir eingetrichtert hat. In der Gegenwart eines Meisters verschwindet nur das Unwahre; das Wahre kommt zur absoluten Blüte.

In der Kommune eines Buddhas hat jeder Individualität, aber niemand hat Persönlichkeit. Niemand ist egoistisch, aber jeder ist einzigartig und trägt zum Wesen der Kommune in seiner eigenen unverwechselbaren Weise bei. Und jeder wird für das, was er macht, respektiert; es herrscht ein ungeheurer Respekt für den einzelnen.

Ihr seht ja, was hier passiert: ein hochqualifizierter Psychoanalytiker, der im Westen jeden Monat Tausende von Dollars verdient hätte, der alle möglichen Doktortitel und Qualifikationen mitbringt, wird genauso geachtet wie der, der die Toiletten saubermacht. Da gibt es keinen Unterschied. Derjenige, der die Toiletten saubermacht, genießt das gleiche Ansehen und die gleiche individuelle Behandlung. Er trägt auf seine Weise zum Ganzen bei.

Oft passiert es sogar, daß ein Doktor sich entschließt, all sein Wissen fallenzulassen und nur noch saubermachen will. Es gibt ein paar Professoren hier, die die Toiletten putzen. Dies ist wahrscheinlich der einzige Ort der Welt, wo die Professoren die richtige Arbeit verrichten! Es gibt hier Ärzte, die die Toiletten putzen. Man hat sie gefragt: „Ihr seid Mediziner, warum arbeitet ihr nicht im Medical Center?", und dann sagen sie: „Saubermachen ist so schön, so entspannend! Wir haben keine Lust mehr auf das Medical Center."

Hier gibt es Dichter, Maler, berühmte, bekannte Schriftsteller, die eine Menge publiziert haben, und sie machen Schuhe oder arbeiten in der Schreinerei oder im Garten, einfach weil eines völlig klar ist: daß dein Job keinen Unterschied macht; deine Individualität bleibt überall intakt. Deine Arbeit gibt dir keine höhere Position, und es entsteht keine Hierarchie. Jeder arbeitet mit vollem Herzen auf die ihm eigene Weise.

Eine Kommune kann nur zu Lebzeiten eines Meisters entstehen; andernfalls fangt ihr an, euch zu streiten, Auseinandersetzungen zu haben und eure Egotrips auszuagieren, denn ihr seid einfach zu unbewußt. Das passiert jedesmal, wenn ein Meister stirbt. Wenn eine Kette von Meistern fortbesteht, ist es in Ordnung, ansonsten – schwieriger Fall.

Jesus zum Beispiel konnte keine Kettenreaktion auslösen; er hatte nicht genügend Zeit dazu. Er wirkte nur drei Jahre lang, von seinem dreißigsten bis zum dreiunddreis-
sigsten Lebensjahr. Das war nicht genügend Zeit für ihn. Er wurde mit dreiunddreißig Jahren gekreuzigt – er hatte keine Zeit, wirklich zu arbeiten.

Buddha konnte zweiundvierzig Jahre lang arbeiten; er schuf eine gewaltige Linie. Er löste den Prozeß bei sehr vielen aus: von Mahakashyap bis Manjusri, über Sariputra, Modgalayan, Purnakashyap und viele andere, die während Buddhas Lebzeiten erleuchtet wurden und die Flamme am Leben erhielten.

Wenn eine Kette gebildet wird, dann lebt die Kommune weiter, aber es ist eine sehr delikate Angelegenheit, unvorhersagbar; es kann passieren, kann aber auch verhindert werden. Und selbst wenn die Kette sich fortsetzt, dann nicht als permanente Einrichtung. Man kann sich nicht vorstellen, daß sie ewig weitergeht; sie kann jederzeit abreißen. Die Welt ist eine solche Wüste, und der Quell, den die Buddhas hervorbringen, ist so winzig, daß er jederzeit in der Wüste versanden kann.

Aber die einzig wahre Art von Kommune entsteht, solange ein Meister lebt. Ich bin absolut für diese Art von Kommunismus.

Der Kommunismus, der in Sowjetrußland und China existiert, ist nicht nach meinem Geschmack. Es ist wirklich genau das Gegenteil von dem, was ich hier ins Leben rufe. Kommunismus sollte spontan emporflammen, und die Unterschiede sind groß . . . Zum Beispiel haben Karl Marx, Friedrich Engels und Lenin – die unheilige Dreifaltigkeit des Kommunismus – immer von der „Diktatur des Proletariats" gesprochen. Das bedeutet die Diktatur des Niedrigsten.

In der Kommune eines Buddhas gibt es keine Diktatur; das ist das grundlegende – auch wenn es für Außenstehende so scheinen mag, als wäre es eine Diktatur. Ein Außenseiter, der hierher kommt, mag denken, daß eine Machtausübung meinerseits stattfindet, obwohl ich nie einen Befehl erteile. Selbst das Büro habe ich in diesen sechs Jahren noch nie betreten. Ich weiß nicht, wer wo wohnt, und wieviele Leute zur Kommune gehören. Ich habe die anderen Häuser in der Kommune nie besucht. Alles, was ich weiß, ist, wie ich in mein Zimmer komme. Selbst in dem Haus, in dem ich wohne, im Lao-Tzu-Haus, weiß ich nicht, wo die Zimmer der anderen Sannyasins sind, die mit mir zusammenwohnen. Vivek hat zu mir gesagt: „Überrasch uns doch mal eines Tages – komm in die Küche!" Ich bin noch nie in der Küche gewesen, ich weiß gar nicht, wo die ist, also kann ich sie auch nicht finden, es sei denn, jemand führt mich hin. Ich habe so eine Idee, wo sie sein könnte, aber die ist nur sehr vage.

Aber jemand, der von außen kommt, muß denken, ich sei der Diktator hier. Das ist völlig falsch. Die Leute leben und arbeiten hier aus Liebe. Niemandem wird es befohlen. Und wenn jemand mich um Rat fragt und ich antworte, ist es immer ein Vorschlag, nie ein Befehl. Die Leute sind frei, meine Vorschläge zu akzeptieren oder sie abzulehnen. Sie nehmen sie immer an – um so besser für sie. Es hat nichts mit mir zu tun. Wenn sie meinen Vorschlag nicht annehmen, steht es ihnen absolut frei, so zu handeln.

In einer echten Kommune, einer Kommune, wie sie mir vorschwebt, wird das Höchste zum Zentrum gemacht. Im Kommunismus des Karl Marx bestimmt das Niedrigste den Kurs. Es ist eine Diktatur des Proletariats, und das sind natürlich zwei völlig verschiedene Dinge, einander diametral entgegengesetzt.

Wenn das Höchste . . . und mit dem „Höchsten" meine ich einfach jemanden, der niemand mehr ist, einen, der sich mit der Gesamtheit vereinigt hat, der nicht mehr getrennt existiert, einen, der den Fluß nicht mehr vorantreibt, sondern mit ihm fließt, einen, der völlig losgelassen hat und einfach nur noch ein Medium ist, ein hohles Bambusrohr an den Lippen Gottes. Und wenn Gott singen will, wird das hohle Bambusrohr zur Flöte, aber es hängt alles vom Willen Gottes ab. Das Lied ist nicht das Lied der Flöte, sondern das Lied des Flötenspielers.

Durch einen Buddha, durch einen Erleuchteten, fließt göttliche Energie, und nur dieses Höchste, dieses

Letztendliche, kann eine wahre Kommune hervorbringen. Der Kommunismus in Ländern wie Rußland und China wird vom Niedrigsten bestimmt. Josef Stalin und Mao Tse Tung gehören zum niedrigsten Typus, sie gehören zu den gewalttätigsten, mordgierigsten Leuten, die je auf dieser Erde gelebt haben. Der Name „Stalin" bedeutet „Mann aus Stahl", und das war nicht sein wirklicher Name. „Stalin" bedeutet „der Stählerne", weil er so hart war; es war nicht sein wirklicher Name.

Ein Buddha wird durch eine Lotosblume symbolisiert, nicht durch Stahl. Im Osten war die Lotosblume schon immer das Symbol der Erleuchteten: zart, verwundbar, mit einem sehr feinen Duft, überhaupt nicht aggressiv.

Wenn du dich einem Buddha hingibst, ist es deine Entscheidung, deine Freiheit. Man zwingt dich nicht dazu. Menschen, die sich einem Buddha hingeben, geben sich in Wirklichkeit ihrer eigenen Zukunft hin, ihrer eigenen höchsten Möglichkeit. Der Buddha repräsentiert nur das, was auch ihnen einmal geschehen wird. Er ist nur das Spiegelbild ihrer eigenen höchsten Vervollkommnung.

Bei der Hingabe an einen Buddha gibst du in Wirklichkeit deine niedere Realität zugunsten deiner eigenen höheren Realität auf; der Buddha ist dabei nur ein Vorwand. Und dadurch entsteht eine wahre Kommune. Es geschieht aus Liebe, aus Meditation, aus einem Zustand des Gebets heraus. Es ist kein Phänomen, das sich auf Gewalttätigkeit gründet, auf die niederen, animalischen Eigenschaften.

In diesem Sinne hast du recht, wenn du sagst, daß hier eine echte Kommune entsteht, aber es ist nicht das erste Experiment in dieser Richtung, vergiß das nicht. Dieses Experiment ist früher schon oft gemacht worden. Aber es sieht immer so aus . . . wenn du liebst, meinst du, daß eine solche Liebe noch nie dagewesen sei; du meinst, es sei einfach einmalig. In gewisser Weise stimmt das: für d i c h ist es eine neue Erfahrung. Du hast noch nie einen Buddha geliebt, also ist es für dich ein neuartiges Experiment, aber die Menschheit existiert seit Tausenden von Jahren, und immer wieder sind kleine Oasen in der Wüste aufgetaucht. Aber die Wüste ist riesig und vollkommen öde . . .

Und denk daran, daß es ein Gesetz gibt, das grundsätzlich bei einem Konflikt zwischen dem Niederen und dem Höheren wirkt: jedesmal wird das Höhere vernichtet, nicht das Niedere. Wenn du einen Stein auf eine Lotosblume schleuderst, dann mach dir keine Hoffnungen, daß der Stein von der Lotosblume kaputtgemacht wird. Die Lotosblume wird dabei zerstört. Das Höhere ist zerbrechlicher.

Deshalb sage ich, daß das weibliche Geschlecht das höhere ist und dem männlichen überlegen. Die Frau ist zarter, blumenhafter. Der Mann ist härter, er hat noch immer etwas von einem Stein. Der Mann steht dem Tier näher als die Frau. Der Mann ist aggressiver; die Frau ist empfänglich. Und weil sie diese höhere Qualität hat, wurde sie von den Männern vielfach zugrundegerichtet. Ein Stein wird eine Blume immer besiegen.

Solche Kommunen sind immer wieder entstanden. Sie können nicht völlig unterbunden werden, weil Gott ein ungeheures Interesse an diesen Kommunen hat. Sie können nicht vernichtet werden, es wird immer wieder welche geben – aber der restliche Teil der Welt ist wüstengleich. Der größere Teil der Menschheit ist noch nicht reif für diese Transformation, obwohl die Wahrscheinlichkeit, daß solche Kommunen entstehen, ständig zunimmt. Der Mensch hat sich entfaltet, ist reifer geworden. Besonders der Mensch von heute. Die Zeit ist gekommen, daß Tausende solcher Kommunen überall auf der Welt aus dem Boden schießen können. Und genau das habe ich vor, wenn ich

Tausende von Sannyasins einweihe und sie in ihre Länder zurückschicke, damit sie Tausende von Kommunen überall auf der Welt gründen.

Ich möchte eine Kette von Kommunen schaffen, die sich rund um die Welt zieht, so daß diese Kommune hier nicht die einzige Oase in der Wüste bleibt, sondern mit vielen in Verbindung steht. Diese Art von Verbindung wurde noch nie hergestellt; das ist etwas Neues. Kommunen hat es schon immer gegeben, aber eine Reihe von Kommunen rund um den Erdball hat es noch nie gegeben. Das ist erst heute möglich. Die Wissenschaft hat es möglich gemacht. Die Welt ist so klein geworden, sie ist schon fast zu einem Dorf zusammengerückt, zum globalen Dorf. So sind die Menschen direkt miteinander verbunden, und diese Möglichkeit steht uns zum erstenmal offen.

Ich habe zweihunderttausend Sannyasins, die rund um die Welt daran arbeiten, daß zweihundert Kommunen langsam heranwachsen. Bald wird es Tausende von Kommunen überall auf der Welt geben. Dieses wird die erste Kette von Kommunen sein, die den ganzen Globus umspannt. Und die Möglichkeit, daß sie Erfolg haben, ist größer als je zuvor, aus dem einfachen Grund, weil die Wissenschaft an einem Entwicklungspunkt angelangt ist, der für die Menschheit fatale Folgen haben kann, es sei denn, die Religion hält mit dieser Entwicklung Schritt. Das ganze Gewicht liegt auf dieser einen Seite, und das war noch nie so; in der Tat – es war genau umgekehrt.

Die Kommune Buddhas war der Entwicklung der damaligen Wissenschaft und Technik weit voraus. Mahaviras Kommune war der Gesellschaft und der inneren Entwicklung des normalen Menschen weit voraus. Die Kluft war ungeheuer groß. Jetzt ist die Kluft auch groß, aber es ist umgekehrt: die Gesellschaft, die Wissenschaft, die Technik sind dem inneren Wachstum des Menschen weit vorausgeeilt. Durch Gesellschaft, Wissenschaft und Technik wurde der Boden für eine Situation bereitet, die wir nun benutzen können. Wir können der Menschheit helfen, denselben Entwicklungsstand zu erreichen wie die Wissenschaft. Das würde einen Ausgleich schaffen. Die Kommunen der Vergangenheit haben das Gleichgewicht ins Schwanken gebracht, sie waren nicht im Einklang mit ihrer Zeit. Sie waren ihrer Zeit immer weit voraus und deshalb zum Scheitern verurteilt.

Aber dieses Mal kann man hoffen, daß es uns gelingt; einfach, weil wir nicht gegen unsere Zeit sind oder unserer Zeit zu weit vorauseilen. Die Zeit ist reif für uns, und wir halten Schritt mit ihr – und nur wir – wogegen die ganze moderne Gesellschaft hinter der modernen Technik und der modernen Wissenschaft herhinkt. Alle eure sogenannten Kirchen und Religionen sind weit hinter der Wissenschaft zurück.

Was ich hier mache, ist einen Ausgleich zu schaffen. Heutzutage kann Religion auf einer ungleich höheren Ebene existieren als zuvor, denn die Wissenschaft hat die nötige Vorarbeit geleistet.

Die Wissenschaft hat aber auch eine ungeheure Angst in der ganzen Welt verbreitet, daß die gesamte Menschheit durch wissenschaftliche Errungenschaften vernichtet werden könnte.

Heute liegt die einzige Hoffnung auf Rettung in der Religion, und da es eine Frage des Überlebens ist, werden sich Millionen von Menschen der Meditation zuwenden, denn Meditation ist das einzige, was sie noch retten kann – nichts anderes. Wenn sich die Wissenschaft immer weiter entwickelt, während der Mensch derselbe bleibt, dann wird genau dieser wissenschaftliche Fortschritt zur entsetzlichsten aller Bedrohungen.

Es ist eine bekannte Tatsache, daß es früher, etwa vor hunderttausend Jahren, riesige Tiere auf der Erde gab. Größer als Elefanten, zehnmal größer als Elefanten. Was ist aus diesen Riesentieren geworden? Sie verschwanden plötzlich, und man fand nur noch ihre Skelette. Was ist ihnen zugestoßen? Kein äußeres Unglück – sie sind einfach zu groß geworden. Ihr Körpergewicht war so groß, daß sie die Last ihrer eigenen Körper nicht mehr tragen konnten. Innerlich waren sie nicht dafür ausgerüstet; ihr inneres Wesen blieb unterentwickelt, nur ihre äußere Hülle nahm riesige Formen an. Das Gleichgewicht ging verloren.

Dasselbe geschieht mit dem Menschen von heute: seine innere Seele ist winzig geblieben, und die Technik der Außenwelt, die Wissenschaft, ist zu groß geworden. Das kann zum Dritten Weltkrieg führen, zu einem totalen Krieg, denn es geht wirklich um Leben oder Tod, und dieses Problem ist bislang noch nicht aufgetaucht.

Aber wir hoffen, daß sich die Religiosität explosionsartig ausbreitet. Millionen von echten Suchern sind unterwegs.

Wir können eine ganze Kette dieser Kommunen rund um den Erdball gründen und die ganze Welt in ein Buddhafeld verwandeln. Nur dann besteht die Möglichkeit, daß ein Kommunismus entsteht, der aus Liebe geboren wird, der den höchsten Quellen entspringt, dem Everest. Nicht als Diktatur des Proletariats, sondern als Hingabe aus Vertrauen in einen Buddha. Aus diesem Vertrauen und dieser Hingabe kann eine völlig neue Art von Kommunismus geboren werden.

Ich bin für einen Kommunismus in diesem Sinne, aber die Kommunisten werden natürlich absolut gegen mich sein, denn wenn meine Art von Kommunismus Erfolg hat, ist ihre Art von Kommunismus zum Scheitern verurteilt.

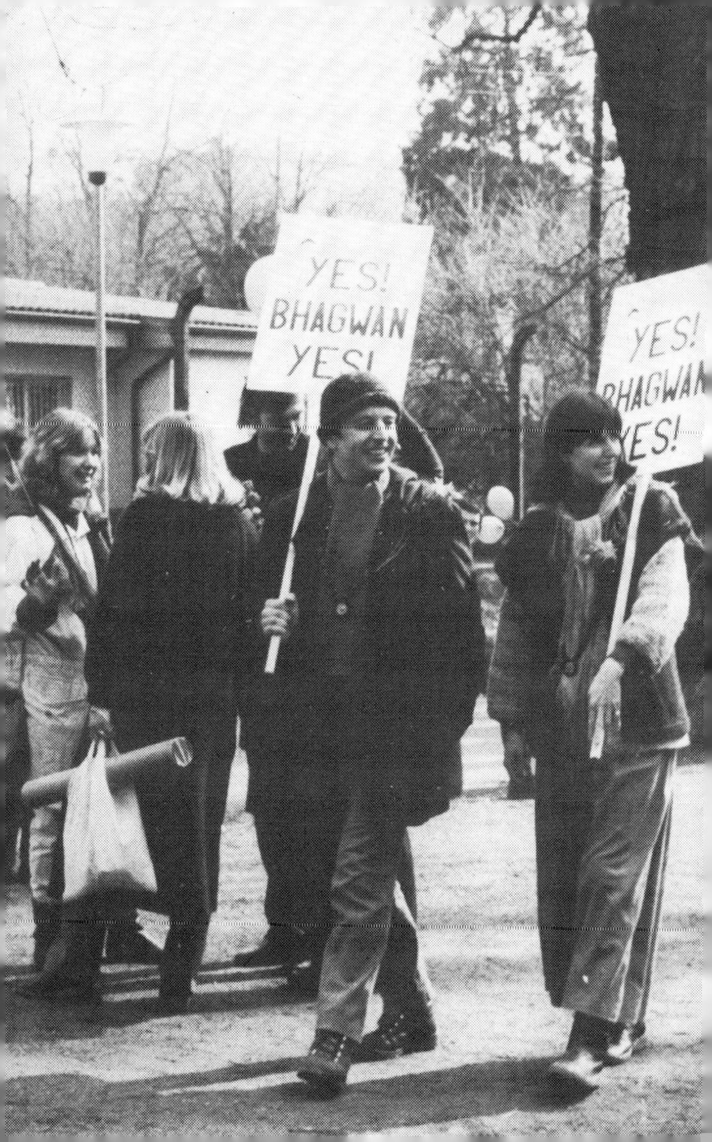
YES!
BHAGWAN
YES!
YES!
BHAGWAN
YES!

Wer Ohren hat, der höre

Aus der Serie: „The Book of the Books"
Vortrag vom 27. August 1979

*B*HAGWAN,
warum sind die Leute so sehr gegen dich?

Sie sind nicht so sehr gegen mich, aber sie haben Angst vor mir. Aus Angst sind sie gegen mich, die grundlegende Ursache ist Angst. Und warum haben sie Angst? Weil sie nicht verstehen. Es liegt am Mißverstehen. Es ist immer so – es kann nicht anders sein; es ist nichts Neues.

Ich sage das eine, und sie verstehen etwas anderes, denn ihre Köpfe sind voller Vorurteile. Sie wurden in bestimmten Traditionen erzogen – und ich breche mit allen Traditionen! Sie wurden dazu erzogen, in bestimmter Weise zu denken, und meine ganze Arbeit hier besteht darin, euch über das Denken hinauszuführen. Die Menschen sind konventionell, konformistisch, traditionell.

Und für mich ist Religion Rebellion: eine Rebellion gegen alle Konventionen, gegen allen Konformismus, gegen alle Traditionen. Religion ist niemals eine Tradition, kann niemals eine Tradition sein. Wissenschaft kann eine Tradition sein, aber Religion niemals.

Die Wissenschaft ist in der Tat traditionell. Laßt Newton weg, denkt euch einen Augenblick lang, daß Newton niemals lebte . . . dann kann es keinen Albert Einstein geben. Albert Einstein ist erst möglich, wenn Newton vorangeht. Die Wissenschaft ist traditionell, sie ist kontinuierlich. Nimm einen Ziegelstein heraus, und das ganze Gebäude fällt zusammen.

Ich bin jedoch möglich, selbst wenn es Mahavir oder Patanjali niemals gegeben hätte und ohne daß Buddha oder Konfuzius oder Laotse lebte. Religion ist nicht kontinuierlich; sie ist ein individuelles Phänomen. Sie ist die Blüte eines Individuums. Du kannst ein Erwachter werden, selbst wenn du noch nie von irgend einem anderen Erwachten gehört hast. Du bist nicht in demselben Maße wie die Wissenschaft mit der Vergangenheit verbunden.

Darum werden wissenschaftliche Wahrheiten, sobald sie einmal entdeckt sind, zum Allgemeingut. Albert Einstein arbeitete dreizehn Jahre lang hart, bis er als Resultat die Relativitätstheorie vorlegte. Heute kannst du innerhalb von ein paar Stunden alles darüber lesen – du brauchst es nicht von neuem zu entdecken. Edison arbeitete jahrelang, mindestens drei Jahre, bis er die erste Glühbirne entwickelt hatte. Jetzt kann man Glühbirnen immer weiter herstellen; man braucht keinen Edison dazu. Gewöhnliche Arbeiter, die nichts über Elektrizität wissen, können diese Arbeit tun, und sie tun es.

Aber religiöse Wahrheiten sind etwas völlig anderes: Ihr müßt sie immer wieder neu entdecken. Was Buddha entdeckte, wird nicht zum Allgemeingut. Es stirbt mit ihm, es verschwindet mit ihm; es ist eine individuelle Qualität. Das ist die Schönheit von Religion: daß sie niemals eine Ware auf dem Markt wird. Wissenschaft kann man in Schulen lehren, in Oberschulen, Universitäten. Religion kann man nicht lehren. Religion kann überhaupt nicht gelehrt werden! Über Religion kann man nicht informiert werden, man muß sie selbst entdecken.

Ja, ihr könnt inspiriert werden, aber Inspiration ist nicht Information. Ihr könnt von der Gegenwart eines Buddhas inspiriert werden, ihr könnt entzündet werden. In euch kann der brennende Wunsch entstehen, wie ein Buddha zu sein, aber ihr werdet alles selbst entdecken müssen. Und ihr könnt es nicht euren Kindern als Erbe vermachen. Alles, was ihr geben könnt, alles, was ihr vermachen könnt, ist ein intensives Verlangen nach Wahrheit – das ist alles –, aber nicht die Wahrheit selbst.

Darum ist es für die Massen sehr schwierig zu verstehen, was ich sage. Es war schwierig, als Buddha lebte, es war schwierig, als Jesus lebte – es wird immer schwierig sein, denn die Massen leben aus der Vergangenheit. Sie werden ständig damit gefüttert, sie werden auf traditionelle Weise erzogen. Ihnen wird beigebracht, was richtig und was falsch ist, es wird ihnen gesagt, ob Gott existiert oder nicht, und sie haben alle diese Dinge gelernt. Sie haben so viele Informationen angehäuft, daß ihre Köpfe voll von Wissen sind; sie denken, sie wüßten bereits.

Wenn dann jemand kommt und von neuem religiöse Erfahrung in die Welt bringt, wenn jemand eine neue Offenbarung bringt, wenn jemand für Gott verfügbar wird, ein Instrument für Gott wird, sind die Menschen beunruhigt. Ihre Vorurteile werden erschüttert; ihre alten Vorstellungen werden nicht bestätigt – im Gegenteil. Sie fangen an zu begreifen: „Wenn dieser Mann recht hat, dann haben wir die ganze Zeit unrecht gehabt – nicht nur wir, sondern auch unsere Großväter und Urgroßväter." Das geht gegen ihr Ego. Sie halten sich lieber an ihrem eigenen Ego fest, als der Wahrheit Gehör zu schenken. Und dann hören sie aufgrund ihrer Vorurteile ständig etwas anderes als das, was gesagt wird. Ich sage das eine, und sie interpretieren es sofort ihren eigenen Vorstellungen entsprechend. Sie hören nicht in Ruhe zu, sie hören nur durch den Filter ihrer Gedanken zu.

Zum Beispiel sind hier Juden, Mohammedaner, Hindus, Christen, Jains, Buddhisten, Sikhs – alle Arten von Menschen sind hier versammelt. Denkt ihr, wenn ich etwas sage, die Juden hörten dasselbe wie die Jains, die

Mohammedaner hörten dasselbe wie die Christen, die Buddhisten hörten dasselbe wie die Hindus? Unmöglich! Die Mohammedaner haben ihre eigenen Vorstellungen. Wenn ich zum Beispiel über Wiedergeburt rede, dann werden die Christen, die Juden und die Mohammedaner Vorbehalte haben – wenn auch unbewußt –, denn man hat ihnen gesagt, es gäbe nur ein Leben Sie können darauf nicht vertrauen, daß es viele Leben gibt. Aber die Hindus sind glücklich, wenn ich über Wiedergeburt spreche, ohne inneren Widerstand. Die Buddhisten nehmen es bereitwillig auf, die Jains sind absolut bereitwillig; es ist für sie kein Problem. Nicht, daß sie mit mir übereinstimmen – sie sind glücklich darüber, daß ich mit i h n e n übereinstimme! Und so geht es mit jedem Satz, den ich sage.

Wörter haben keine klar umrissenen Bedeutungen, und können sie nicht haben, denn sonst würde die Verständigung sehr wissenschaftlich werden. Wörter haben viele Bedeutungen, viele Nuancen; wenn du also ein Wort hörst, kannst du ihm deine eigene Färbung geben. Du kannst es in deiner eigenen, höchst persönlichen Art und Weise verstehen; du gibst ihm deine private Bedeutung.

Wenn ich über Gott spreche, werden die Buddhisten unter den Zuhörern sogleich nicht mehr zuhören. Es passiert absolut automatisch! Sie schalten automatisch ab. Gott?! Sie haben gelernt, daß die ganze Idee von Gott Unsinn ist. Und wenn Buddha gesagt hat, daß diese ganze Idee Unsinn ist, muß es so sein. Und nicht nur Buddha – fünfundzwanzig Jahrhunderte lang haben andere Mystiker, die die letzte Wahrheit erkannt hatten, gesagt, daß es Gott nicht gibt. Aber Hindus, Mohammedaner, Christen, Juden, ja, die sind absolut aufnahmebereit und ungeheuer glücklich, wenn ich über Gott – über i h r e n Gott spreche! Jains und Buddhisten sind dabei nicht glücklich – sie glauben nicht an Gott.

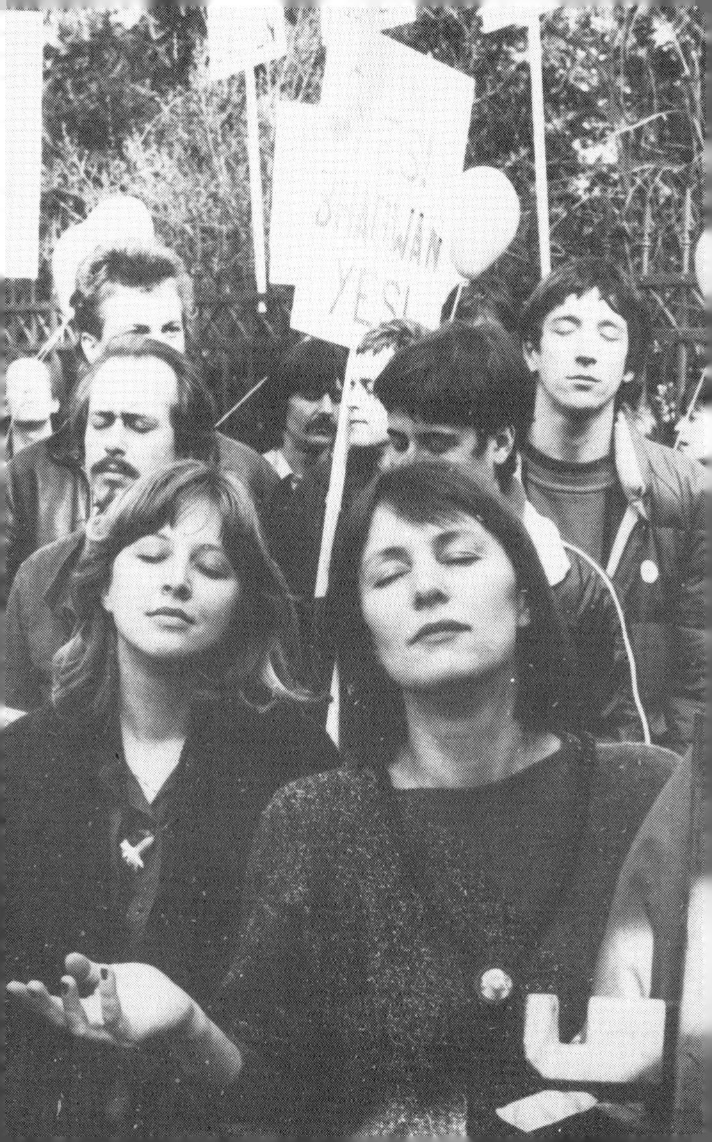

Wenn ich über die Seele spreche, werden die Jains sich freuen, die Hindus werden sich freuen, die Mohammedaner, Christen, Juden . . . alle, außer den Buddhisten. Sie glauben ganz und gar nicht an eine Seele. Sie sagen, es gäbe kein individuelles Selbst; alles sei ein Fliessen. So wie der Ganges sich in jedem Augenblick verändert, so wie man nicht in denselben Fluß zweimal steigen kann, kann man nicht wieder mit demselben Individuum zusammentreffen. Es gibt nichts Beständiges, überhaupt nichts. Alles wandelt sich, nur der Wandel nicht. Ein Buddhist wird, wenn ich über die Seele oder über Gott spreche, augenblicklich aufhören, mir zuzuhören. Er sagt sich: „Das ist nichts für mich!" Nicht, daß ihm das bewußt wäre – es sind unbewußte Gewohnheiten, Konditionierungen.

Die Leute sind eigentlich nicht so sehr gegen mich: sie verstehen überhaupt nicht, wovon ich rede, oder sie verstehen etwas völlig anderes, etwas, worüber ich gar nicht spreche. Ihnen ist nicht klar, was ich hier tue. Sie kommen gar nicht hierher; sie verlassen sich auf die Zeitungen. Irgendein drittklassiger Journalist kommt und berichtet etwas – was kann er schon über Meditation berichten? Er hat noch nie meditiert!

Schaut euch die Dummheit der Welt an! Man läßt doch auch keinen Journalisten über einen Chirurgen berichten, wenn er keine Ahnung von Chirurgie hat. Wenn eine Chirurgen-Konferenz stattfindet, schickt man jemanden, der sich in der Welt der Chirurgie gut auskennt; nur er kann darüber berichten. Wenn Physiker tagen, Vorträge halten und diskutieren, schickt man einen Experten, der über Physik Bescheid weiß. Und die moderne Physik ist ein sehr weitentwickeltes Fachgebiet; man muß jahrelang studieren. Es muß ein Physiker sein.

Man verläßt sich nicht auf einen gewöhnlichen Journalisten, der sonst über mittelmäßige Politiker und ihre dummen Reden berichtet. Man schickt nicht diese Art von Journalisten, um über die Vorträge von Physikern zu berichten; es muß jemand Besonderer sein, oder man läßt einen Physiker über die Konferenz berichten, denn nur er wird etwas verstehen.

Es heißt, daß zu Lebzeiten Albert Einsteins nur zwölf Menschen auf der ganzen Welt wirklich verstehen konnten, wovon er redete. Wer soll dann über ihn berichten? Von diesen zwölf ist vielleicht nur einer in der Lage, über Albert Einstein und seine Relativitätstheorie in solcher Weise zu berichten, daß dem allgemeinen Publikum zumindest ein kleiner Einblick möglich wird.

Aber wenn Journalisten hierher geschickt werden, wird niemals verlangt oder auch nur danach gefragt, ob sie selbst meditieren oder etwas über Meditation wissen, über Yoga, über Sufismus, Zen, Tao, Tantra. Nein, diese Anforderungen werden nicht gestellt. Man hält jeden Hinz und Kunz für ausgesprochen fähig, über Meditation, über Tantra, über Tao, über Zen, über Sufismus zu berichten. Die Leute verlassen sich auf seine Berichte, obwohl er noch niemals im Leben meditiert hat; er war noch keinen einzigen Augenblick meditativ. Er weiß nichts über den Zustand der Gedankenfreiheit. Er weiß nichts von jenen Pausen, jenen Zwischenräumen, in denen der Verstand verschwindet, das Ego verschwindet, die Zeit verschwindet. Wie kann er etwas verstehen?

Glaubt ihr, man kann etwas verstehen, nur indem man Leuten zuschaut, wie sie still dasitzen – wenn jemand einfach still dasitzt, mit geschlossenen Augen? Man kann ein Photo von dem Betreffenden machen, aber man kann kein Photo von dem inneren Geschehen machen. Man kann Leute tanzen sehen, man kann sie wie Sufis, wie

Derwische herumwirbeln sehen. Man kann sie tanzen sehen und man kann berichten, daß man Leute gesehen hat, die tanzten und herumsprangen; aber wie kann man etwas über ihre Innenwelt wissen?

Man muß teilnehmen! Nur dann kann man etwas davon berichten – nur ein wenig, nicht alles, denn über alles kann man nicht berichten; das Ganze ist nicht ausdrückbar.

Und wenn diese Leute, die nichts verstehen, Berichte schreiben, sind ihre Berichte nur sensationell. Und dann werden sie von den Massen gelesen, und auch sie lesen diese Berichte ihrem Verständnis entsprechend. Daraus entsteht Mißverständnis über Mißverständnis, Schichten um Schichten von Mißverstehen! Ich muß im Augenblick der am meisten mißverstandene Mensch in diesem Land sein.

Carolyn, eine attraktive Handelsvertreterin, wartet im Empfang eines Motels in der Schlange. Da hört sie, wie der Empfangschef zu Zabroski, dem Mann vor ihr, sagt, es sei das letzte Zimmer. Als der Pole den Schalter verläßt, geht sie auf ihn zu.

„Es gibt weit und breit kein anderes Motel, und ich bin hundemüde", sagt sie. „Sehen Sie – Sie kennen mich nicht, ich kenne Sie nicht, die hier kennen uns nicht, wir kennen die hier nicht. Wie wär's, wenn ich die Nacht bei Ihnen verbringe?"

„Ich hab nichts dagegen", sagt Zabroski.

Sie gehen auf sein Zimmer. Er zieht sich aus, und sie auch. „Hören Sie", sagt sie. „Sie kennen mich nicht, ich kenne Sie nicht, die hier kennen uns nicht, wir kennen die hier nicht – wollen wir nicht 'n paar Drinks zu uns nehmen? Ich hab noch 'ne Flasche."

Nachdem sie etwas beschwipst sind, kuschelt sich

Carolyn an ihn und flüstert: „Du kennst mich nicht, ich kenn Dich nicht, die hier kennen uns nicht, wir kennen die hier nicht – laß uns 'ne Party feiern."

„Wie?", sagte der Pole, „wenn ich Sie nicht kenne und Sie mich nicht kennen und die hier uns nicht kennen und wir sie nicht kennen – wen zum Teufel sollen wir denn dann einladen?"

Das Wort „Party" bringt die ganze Verwirrung! Der Pole hat seine eigene Vorstellung von einer Party. Carolyn hat was ganz anderes im Sinn – eine r i c h t i g e Party!

Was ich sage, unterscheidet sich sehr von dem, was von Außenstehenden verstanden wird – das ist natürlich, und ich akzeptiere es. Ich grolle nicht, ich beklage mich nicht. So muß es eben sein.

Mich verstehen nur die, dich mich sehr lieben, die mir tief vertrauen. Mich verstehen nur die, die bereit sind, ihren Verstand beiseite zu lassen. Im Zustand des Schweigens kann etwas von mir dein Herz berühren und einen Prozeß des Verstehens in dir auslösen.

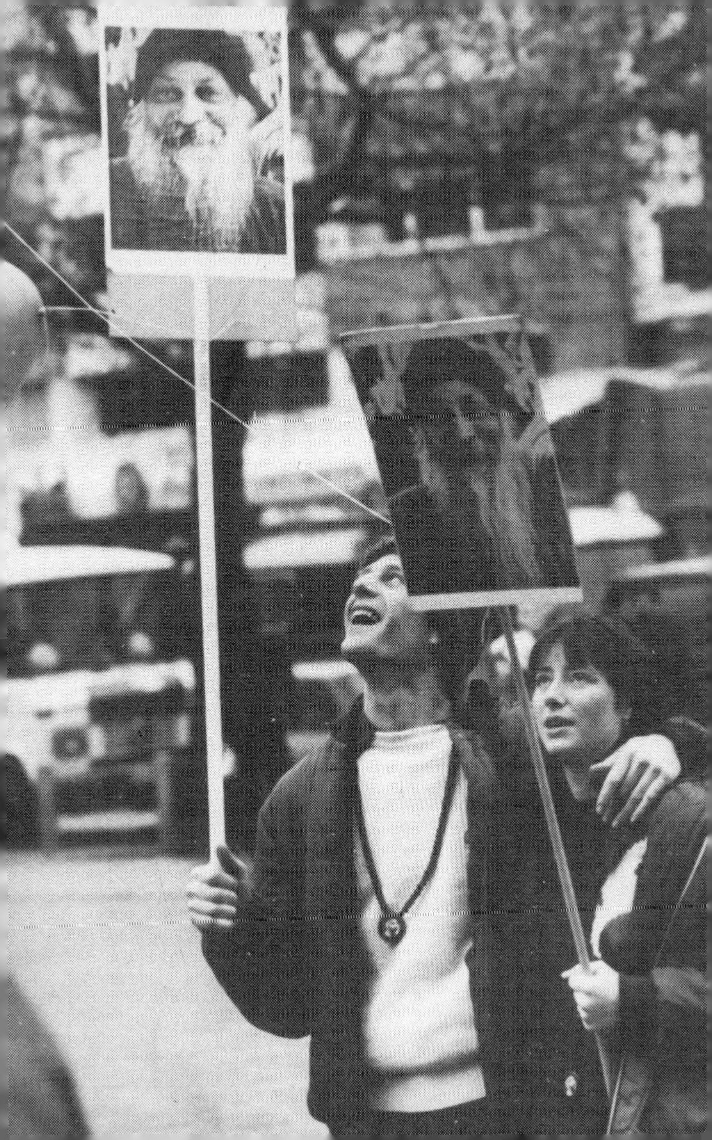

Bist du zufrieden
mit deinem Leben?

Aus dem Darshan-Tagebuch: „God is Not For Sale"
3. November 1976

Michael (aus Deutschland):
Ich weiß nicht, ob ich Sannyasin werde oder nicht, denn ich weiß nicht genau, was das ist. Aber ich glaube, es ist etwas, das ich nicht werden kann. Ich habe zuhause deine Bücher gelesen und war ganz begeistert. Ich fand, da war was für mich drin. Und dann bin ich hergekommen, und jetzt genieße ich jeden Morgen deine Lectures, und das Meditieren macht mir Freude. Aber ich glaube nicht, daß ich mein Leben in der Weise verändern will, wie du es nahelegst, weil ich mit meinem Leben zufrieden bin, so wie es ist.

Bhagwan: . . . Hmm. Dann ist es auch nicht nötig . . . es ist nicht nötig. Wenn du wirklich zufrieden bist mit deinem Leben, ist es nicht nötig. Aber denk noch einmal drüber nach, ob du wirklich zufrieden bist; manchmal schafft man sich nämlich aus lauter Furcht vor Veränderung eine Illusion von Zufriedenheit. Die Furcht, ins Unbekannte zu geraten, genügt, und schon denkst du: „Ich bin mit dem, was ich kenne, besser dran, wozu also?" Es ist vielleicht nur eine Flucht vor dem Unbekannten.

Wenn du wirklich zufrieden bist, ist es überhaupt nicht nötig. Aber denk noch einmal drüber nach: bist du wirklich zufrieden? Ist es nicht eine Art Ausflucht, eine Rationalisierung? Du hast vielleicht Angst vor dem Unbekannten, vor dem unbekannten Lebensweg, den Sannyas bedeutet.

Und keiner weiß, was Sannyas bedeutet – nicht mal ich! Es ist nur ein Stoß, den ich euch gebe, hinein ins Unbekannte, in ein Leben in Unsicherheit. Es ist ein Quantensprung. Es ist ein Sprung ins Dunkel der Nacht. Aber er macht dich ungeheuer frei. Ich weiß nicht, wo deine Freiheit dich hinführen wird, weil ich nicht weiß, was du mit dieser Freiheit tun wirst – kein Mensch kann darüber etwas sagen. Könnte über die Freiheit etwas gesagt werden, wäre es keine Freiheit. Es läßt sich nichts darüber sagen. Wir können das Beste hoffen, aber es läßt sich nichts darüber sagen.

Sannyas ist nur eine Geste, daß du gern einen neuen Weg gehen möchtest, zu neuen Lebensformen, zu neuen Räumen, zu neuen Bereichen in dir. Du weißt nicht, wohin du dich wenden sollst, und vor dir steht nun ein Mann, der sagt: „Ich bin zu ungeheuer großen Räumen vorgedrungen – komm mit mir!" Es ist ein Vertrauen.

Und wo Vertrauen ist, da kommt auch der Zweifel. Wenn es gar nicht um Vertrauen ginge, käme auch kein Zweifel in Frage. Zweifel kommt nur dort auf, wo du vertrauen mußt. Zweifel ist also ganz angebracht. Nichts verkehrt daran . . . völlig natürlich.

Und ich weiß, daß du ein Sannyasin wirst. Du kannst nicht k e i n Sannyasin bleiben. Ob du zweifelst oder nicht, das ist unerheblich. Ich kann einen Menschen erkennen, der einmal Sannyasin werden wird. Denk also drüber nach, meditiere drüber, aber mach kein Problem draus. Wenn du kein Sannyasin wirst, ist daran nichts verkehrt, hmm?

Du wirst so akzeptiert, wie du bist. Meditiere, mach hier ein paar Gruppen mit und hör mir zu, und sei einfach bei mir hier. Sannyas wird passieren, also wird's passieren.

Wenn du willst, daß es gleich jetzt passieren soll, kann es passieren. Das wäre in gewisser Weise hilfreich. Dann macht es dir kein Kopfzerbrechen. Dann ist das Zweifeln weg. Hmm? Was du hinter dir hast, das hast du hinter dir. *(Michael lacht)* Wenn du gern weiter zweifeln möchtest, kannst du's weiter tun.

Michael: *Das ist es, was ich will – weiter zweifeln.*

Bhagwan: Je mehr du zweifelst, desto früher wird das Vertrauen aufsteigen. Bring es hinter dich – es ist besser, es hinter dich zu bringen. Und ich werd dir einen Namen aussuchen und auf dich warten. *(Lachen)* – Gut!

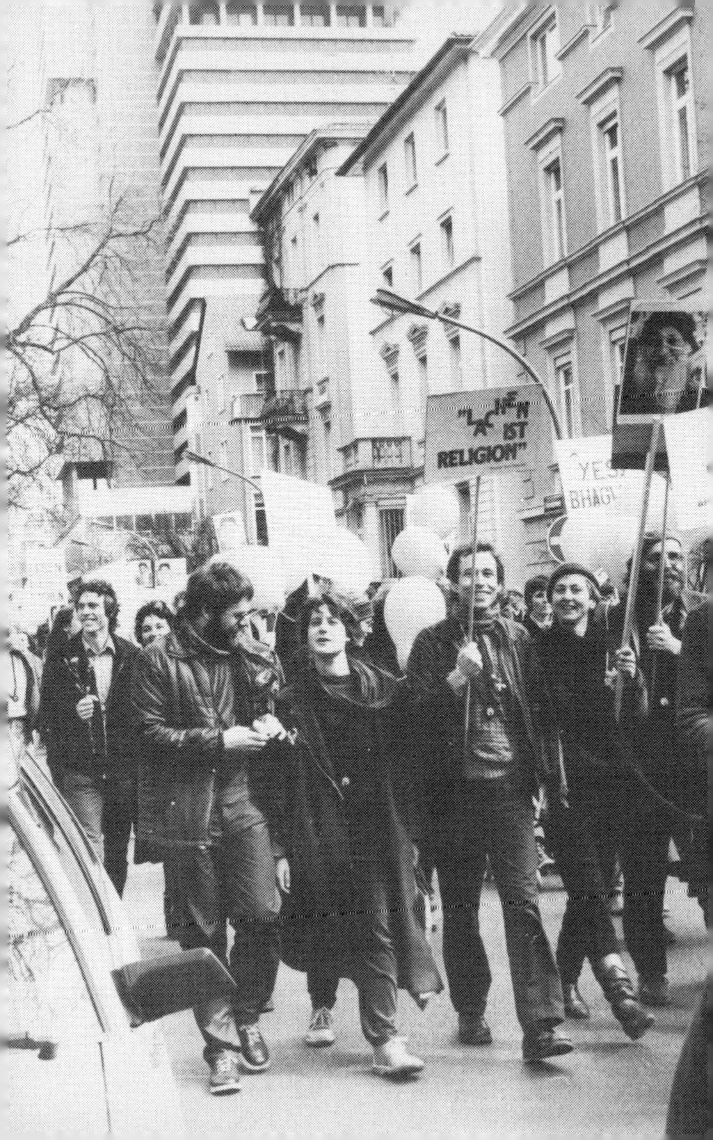
IST
RELIGION"

Wann ist es Zeit?

Aus dem Buch: „Philosophia Perennis", Band 1
Vortrag vom 23. Dezember 1978

BHAGWAN, ist es Zeit, daß ich Sannyasin werde? Darf ich fragen, wann es Zeit ist?

Es geschah auf einer Schiffsreise: Der Papagei fühlte sich schrecklich gelangweilt und war sehr froh, als er eines Tages entdeckte, daß auch ein Affe an Bord war. Um sich die Zeit zu vertreiben, sagte der Papagei: „Komm, wir spielen Verstecken."

Der Affe sagte: „Dieses Spiel kenne ich nicht. Wie geht es?" Also erklärte der Papagei: „Es ist ganz einfach. Du schließt die Augen, stellst dich gegen eine Wand und zählst bis hundert. Inzwischen verstecke ich mich, und wenn du bei hundert angelangt bist, fängst du an, mich zu suchen." Und das taten sie.

Es geschah aber, daß das Schiff genau in demselben Augenblick explodierte, als der Affe bei hundert ankam. Der Papagei konnte sich auf einen Balken retten, der im Meer trieb. Nach einer Weile sah er den Affen völlig erschöpft auf den Balken zuschwimmen. Als der Affe auf den Balken geklettert war, sah er den Papagei und sagte zu ihm: „Doofes Spiel!"

Wann immer du das Gefühl hast, daß das Leben ein doofes Spiel ist, ist es Zeit für Sannyas.

Jetzt oder nie!

Aus dem Buch: „Unio Mystica", Band 2
Vortrag vom 12. Dezember 1978

BHAGWAN, wie kommt es, daß ich das Glück hatte, die Gnade deiner Liebe zu erfahren in Zeiten so großer Verwirrung in der Welt?

Es ist das Größte, in Zeiten der Verwirrung und des Chaos zu leben. Wenn die Gesellschaft statisch ist, gibt es nicht viel, wofür es sich zu leben lohnt. Wenn eine Gesellschaft unveränderlich ist und es keine Verwirrung und kein Chaos gibt, dann leben die Menschen ein langweiliges, ödes, unbedeutendes Leben – bequem, angenehm, stabil, aber nicht lebendig.

Nur in Zeiten von Chaos und Verwirrung geschehen große Dinge, denn die Menschen sind beweglicher. Sie sind verfügbar, entwurzelt: sie können unbearbeitete Felder suchen, sie können Neuland suchen, sie können fremde Länder suchen, sie können neue Kontinente des Seins suchen.

Dies ist einer der größten Augenblicke in der Geschichte des menschlichen Bewußtseins. Das hat es vorher nie gegeben; dies ist eine Steigerung.

Buddha sagte – und er scheint es richtig erkannt zu haben –, daß immer nach fünfundzwanzig Jahrhunderten eine Zeit großer Verwirrung, eine Zeit des Chaos kommt. In dieser Zeit wird die größte Anzahl von Menschen erleuchtet werden.

Jetzt sind fünfundzwanzig Jahrhunderte seit Buddha vergangen. Wiederum kommt der Augenblick immer näher, wo die Vergangenheit alle Bedeutung verliert. Wenn die Vergangenheit allen Sinn verliert, bist du frei, bist du von ihr losgelöst: du kannst diese Freiheit benützen, um ungeheuerlich zu wachsen, um zu Höhen zu wachsen, die du dir nie hättest träumen lassen.

Aber du kannst dich auch zerstören. Wenn du nicht intelligent bist, wird dich die Verwirrung, das Chaos vernichten. Millionen werden vernichtet werden – wegen ihres Mangels an Intelligenz, nicht wegen des Chaos. Sie werden vernichtet werden, weil sie kein sicheres und bequemes Leben führen können, wie es in der Vergangenheit möglich war. Sie werden nicht herausfinden können, wohin sie gehören. Sie werden aus ihren eigenen Quellen leben müssen; sie werden Individuen sein müssen, sie werden Rebellen sein müssen.

Wenn die Gesellschaft verschwindet, wenn die Familie verschwindet, wird es sehr schwierig. Wenn du nicht fähig bist, ein Individuum zu sein, wird es schwierig sein zu leben. Nur Individuen werden überleben.

Die Leute, die sich zu sehr an die Sklaverei gewöhnt haben, die sich zu sehr ans Kommandiertwerden gewöhnt haben, die sich zu sehr ans Befehlempfangen gewöhnt haben – Leute, die sich zu sehr an Vaterfiguren gewöhnt haben – sie werden verrückt werden. Aber das liegt an ihnen, nicht an den Zeiten. Die Zeiten sind wunderbar, denn die Zeiten des Chaos sind die Zeiten der Revolution.

Es ist jetzt leichter möglich, vom Rad des Lebens und des Todes abzusteigen, als es in den fünfundzwanzig Jahrhunderten seit Buddha war. Zu Buddhas Zeiten wurden viele Menschen erleuchtet; die Gesellschaft war im Umbruch. Jetzt geschieht es wieder. Große Zeiten kommen – bereitet euch darauf vor.

Und genau das versuche ich hier. Die Orthodoxen können nicht verstehen, was hier geschieht; sie haben keine Augen, es zu sehen und kein Herz, es zu fühlen. Sie haben nur alte, überfällige Wertvorstellungen, nach denen sie mich beurteilen. Diese Werte sind überholt. Ich bringe neue Menschen hervor, ich bringe neue Werte hervor, ich bringe eine neue Zukunft hervor. Sie leben in der Vergangenheit; sie verstehen nicht die Zukunft, die ich hier auf die Erde zu bringen suche.

Meine Sannyasins gehören nicht der Vergangenheit an, sie repräsentieren überhaupt keine Tradition. Sie gehören der Zukunft: sie gehören zu etwas, das eintreten wird, aber noch nicht eingetreten ist. Deshalb gibt es keine Kriterien – sie sind nicht leicht einzuschätzen und sie werden mißverstanden werden.

Ich werde ständig mißverstanden, denn die Menschen haben ihre Wertvorstellungen, und diese Vorstellungen stammen aus der Vergangenheit. Und ich versuche, einen Raum zu schaffen, in dem die Zukunft eintreten kann.

Du sagst: *Wie kommt es, daß ich das Glück hatte, die Gnade deiner Liebe zu erfahren in Zeiten so großer Verwirrung in der Welt?*

Es ist keine Frage des Glücks, es ist eine Frage der Intelligenz. Das ist das einzige Glück auf der Welt – Intelligenz. Und denke daran, jeder wird mit Intelligenz geboren, aber die Leute verwenden sie nicht, denn intelligent zu sein bedeutet, gefährlich zu leben.

Ein intelligentes Kind ist ein ständiger Stein des Anstoßes für die Eltern; sie versuchen, seine Intelligenz zu zerstören. Niemand will ein intelligentes Kind, denn es erzeugt in dir Argwohn, es erzeugt Zweifel in dir. Ein intelligentes Kind stellt Fragen, die du nicht beantworten kannst.

Ein intelligentes Kind ist ein Problem für die Lehrer in der Schule, in der Oberschule, an der Universität.

Ein intelligenter Mensch wird immer und überall ein Problem sein. Darum versucht die Gesellschaft auf jede mögliche Weise, eure Intelligenz zu zerstören.

Ich habe gehört: Die Lehrerin sagt zu ihrer Klasse: „Wir wollen ein Spiel machen. Ich halte etwas hinter meinem Rücken. Ich werde es beschreiben, und ihr werdet raten, was es ist." Und dann sagt sie: „Ich halte etwas Rundes, Rotes. Errät es einer?"

„Einen Apfel?", fragt Fritzchen. – „Nein", sagt die Lehrerin, „aber es zeigt, daß du nachgedacht hast. Es ist eine Kirsche. – Und jetzt halte ich etwas Rundes Orangefarbenes. Wer weiß, was das ist?"

„Eine Orange?", ruft Fritzchen. – „Nein", sagt die Lehrerin, „aber es zeigt, daß du gedacht hast. Es ist ein Pfirsich."

Da zeigt Fritzchen auf und sagt: „Frau Lehrerin, darf ich auch mal dieses Spiel spielen?"

Die Lehrerin ist einverstanden, und Fritzchen geht hinter die letzte Bank, dreht ihr den Rücken zu und sagt dann: „Frau Lehrerin, ich halte etwas, das ist ungefähr so groß wie mein kleiner Finger und hat eine rote Spitze."

„Friedrich!", sagt die Lehrerin. – „Nein", sagt Fritzchen, „aber es zeigt, daß Sie nachgedacht haben. Es ist ein Streichholz."

Solche intelligenten Kinder darf es nicht geben! Keiner mag intelligente Leute. Darum fangen die Menschen an, unintelligente Rollen im Leben zu spielen, denn ein unintelligenter Mensch wird überall akzeptiert. Darum sind Millionen von Menschen mittelmäßig geworden. Niemand wird mittelmäßig geboren – das sage ich euch.

Gott gibt jedem Intelligenz; so wie er jedem Leben gibt, gibt er jedem Intelligenz. Intelligenz ist untrennbar ein Bestandteil des Lebens.

Habt ihr jemals ein unintelligentes Tier gesehen? Habt ihr jemals einen unintelligenten Vogel, einen unintelligenten Baum gesehen? Jeder Baum ist intelligent genug, um seine Wurzeln auszustrecken und Wasser zu finden. Ihr werdet euch wundern; auch die Wissenschaftler wundern sich sehr, wie Bäume solche Stellen finden.

Wenn ein Baum anfängt, seine Wurzeln auszusenden, schickt er sie manchmal zig Meter in eine bestimmte Richtung, wo Wasser ist. Wie findet er das heraus? Das Wasser ist dreißig Meter entfernt, Richtung Norden. Er schickt seine Wurzeln nicht nach Süden, sondern nach Norden – 30 Meter weit! Und das nicht nur zu natürlichen Wasserquellen – manchmal auch auf Wasserleitungen zu, die hunderte Meter entfernt sind. Er findet sie, obwohl er Jahre braucht, bis die Wurzeln sie erreichen. Auf seine Weise lebt er ein intelligentes Leben.

Wenn es zuviel Konkurrenz gibt, wachsen die Bäume höher hinauf; sie müssen. Darum wachsen im afrikanischen Dschungel die Bäume sehr hoch. Dieselben Bäume würden in Indien nicht so groß werden. Es besteht keine Notwendigkeit; die Konkurrenz ist nicht so groß. Wenn ein Baum im dichten Wald zurückbleibt, stirbt er, weil er im Schatten anderer Bäume steht. Er muß die Sonne erreichen; also wächst er immer höher und höher hinauf.

Bäume sind auf ihre Weise intelligent, Vögel sind auf ihre Weise intelligent, Tiere sind auf ihre Weise intelligent. Und der Mensch auch.

Du wirst das Mittelmäßige und Dumme nur beim Menschen finden. Mir ist noch nie ein dummer Hund begegnet – obwohl ich lange gesucht habe – aber es gibt

Millionen von dummen Menschen. Was ist mit den Menschen passiert? Intelligenz läßt man nicht zu.

Die ganze Gesellschaft und die Struktur der Gesellschaft sind gegen Intelligenz; sie unterstützen mittelmässige Leute. Jeder fühlt sich mit einem mittelmäßigen Menschen wohl, denn immer wenn du mit einem mittelmäßigen Menschen zusammen bist, ist er für dich problemlos. Er ist immer bereit zu gehorchen und er gibt dir immer das Gefühl, daß du überlegen bist.

Wenn die Menschen intelligent leben, werden alle glücklich sein. Wenn du nicht glücklich bist, dann liegt es nicht daran, daß Gott dich ungerecht behandelt, sondern es liegt nur daran, daß du einen Kompromiß mit der Gesellschaft eingegangen bist.

Du hast zu mir kommen können, weil du mutig genug warst, deine Intelligenz zu benützen. Es ist keine Frage des Glücks, sondern nur eine Frage des Mutes, der Courage. Und heutzutage ist es wirklich wunderbar, phantastisch! Benütze diese Umstände und diese Zeiten: Du kannst dich hoch hinauftragen lassen, höher als es jemals möglich war.

Millionen Menschen sind jetzt in der Situation, wo Erleuchtung geschehen kann. Wir können zum erstenmal Buddha übertreffen. Die Zeiten sind sehr günstig, denn es gibt so viel Chaos und so viel Verwirrung, und all die alten Ideologien sind tot oder sterben ganz von selbst. Der Mensch wird frei, er verläßt sein Gefängnis.

Das unmögliche Abenteuer

Ich lehre eine neue Religion. Diese Religion ist kein Christentum und kein Judentum und kein Hinduismus. Diese Religion hat überhaupt kein Attribut. Diese Religion ist einfach die religiöse Qualität des Ganzseins.

Meine Sannyasins werden die ersten Strahlen der Sonne sein, die am Horizont auftaucht. Es ist eine ungeheuer große Aufgabe, eine nahezu unmögliche Aufgabe, aber gerade weil sie unmöglich ist, wird sie alle jene anziehen, die noch eine Seele spüren. Eine Sehnsucht wird in allen wach werden, die in ihrem Herzen ihre Abenteuerlust verbergen, die mutig sind und kühn, denn es geht darum, eine mutige neue Welt zu schaffen.

Aus dem Buch: „Zorba the Buddha", 1. Januar 1979

Ich lehre Freude, nicht Verzicht. Man braucht der Welt nicht zu entsagen, denn Gott hat ihr auch nicht entsagt – warum solltet ihr es tun? Gott ist in der Welt – warum solltet ihr außerhalb stehen wollen?

Lebt in der Welt in ihrer Ganzheit – das Leben in seiner Ganzheit zu leben, führt zur Transzendenz. Dann ist die Begegnung von Himmel und Erde von einer ungeheuren Schönheit; nichts ist daran falsch. Dann verschwinden die Gegensätze ineinander; die Gegensätze ergänzen sich.

Aus dem Buch: „Philosophia Perennis", Band 2, 1. Januar 1979

In der Existenz herrscht absolute Partnerschaft. Wir sind nicht getrennt. Wir sind Teil ein und desselben Rhythmus. Macht es euch durch und durch klar und lebt so, daß ein Teil nicht zum Ganzen wird oder so tut, als ob er das Ganze wäre.

. . . Der moderne Verstand ist zu aggressiv gegen die Natur gewesen; er hat die Umweltkrise heraufbeschworen. Unser ganzer Ansatz ist falsch, er ist destruktiv. Wir nehmen immer nur von der Erde und geben ihr niemals etwas zurück. Wir beuten die Natur nur aus, fahren nur immer fort zu nehmen, und allmählich werden alle Reserven erschöpft. Aber es ist noch nicht zu spät.

Entweder gibt der Mensch seine aggressive Haltung auf, oder er muß sich darauf vorbereiten, diesem Planeten Adieu zu sagen.

. . . Die größte Herausforderung ist es heute, das natürliche Gleichgewicht zu erhalten, die ökologische Harmonie zu bewahren. Das gab es noch nie; dies ist ein neues Problem.

Ein Mensch, der sich selbst liebt, liebt auch andere. Dann entsteht eine völlig andere Art von Politik: sie beruht auf Liebe. Ein Mensch, der sich selbst liebt und andere liebt, liebt auch die Natur.

Meine Arbeit besteht darin, ein Buddhafeld, ein Energiefeld zu schaffen, in dem das Neue geboren werden kann. Ich bin nur die Hebamme, die dem Neuen hilft, zur Welt zu kommen – in eine Welt, die es nicht willkommen heißen wird. Das Neue braucht viel Unterstützung von allen, die Verständnis dafür aufbringen, von allen, die für eine Revolution sind. Und die Zeit ist reif; sie war noch nie so reif. Es ist der richtige Augenblick; er war noch nie so günstig.

Was ist ein Jünger?

Aus der Serie: „The Book of the Books"
Vortrag vom 19. August 1979

*B*HAGWAN, *was bedeutet es, ein Jünger zu sein?*

Das ist eins der ungreifbarsten Geheimnisse. Es kann keine Definition für das geben, was ein Jünger ist; aber ein paar Fingerzeige sind möglich. Nichts als Finger, die auf den Mond weisen. Du darfst dich aber nicht an die Finger klammern – schau auf den Mond und vergiß den Finger.

Ein Jünger ist etwas ganz, ganz Seltenes. Es ist sehr leicht, Schüler zu sein, denn ein Schüler sucht nur nach Wissen. Ein Schüler kann nur auf einen Lehrer stoßen; er kann niemals dem Meister begegnen. Die Wirklichkeit des Meisters wird dem Schüler verborgen bleiben.

Der Schüler funktioniert vom Kopf her. Er funktioniert logisch, rational; er sammelt Wissen, er wird immer gelehrter. Und schließlich wird selber ein Lehrer aus ihm. Aber alles, was er weiß, ist erborgt: nichts gehört wirklich ihm.

Sein Dasein ist Plagiat; sein Dasein ist Kopie. Er hat nicht sein ursprüngliches Gesicht kennengelernt. Er weiß etwas über Gott, aber er kennt Gott nicht selbst. Er weiß etwas über Liebe, aber er hat niemals gewagt, selbst zu lieben. Er weiß viel über Dichtung, aber er hat niemals vom Geist der Dichtung selbst gekostet. Er kann über Schönheit reden, er mag ganze Abhandlungen über Schönheit schreiben, aber er hat keine Vision, keine Erfahrung, keine existentielle Vertrautheit mit Schönheit. Er hat noch nie mit einer Rose getanzt. Der Sonnenaufgang passiert für ihn irgendwo da draußen, aber in seinem Herzen geschieht nichts. Die Dunkelheit im Innern bleibt die gleiche wie eh und je. Er redet nur von Begriffen, er weiß nichts von Wahrheit – denn die Wahrheit kann nicht durch Worte gewußt werden, nicht durch Bücher. Und ein Schüler ist nur an Worten interessiert, an Büchern, Theorien, Gedankensystemen, Philosophien, Ideologien.

Ein Jünger ist etwas völlig anderes ...

Ein Jünger ist kein Schüler; es interessiert ihn nicht, etwas über Gott, über Liebe, Wahrheit zu wissen. Ihn interessiert es, Gott zu werden, Wahrheit zu werden, Liebe zu werden.

Dieser Unterschied ist nicht zu vergessen. Über etwas Bescheid wissen, das ist das eine; es werden ist etwas völlig anderes. Der Schüler riskiert nichts, der Jünger geht hinaus auf offene See. Der Schüler geizt, er ist ein Horter; nur so kann er Wissen anhäufen. Er ist gierig, er sammelt das Wissen so wie der Geizhals seinen Reichtum – Wissen ist sein Reichtum.

Den Jünger interessiert das Horten nicht. Er will erfahren, er will den wahren Geschmack. Und dafür ist er bereit, alles zu riskieren. Der Jünger ist fähig, den Meister zu finden.

Die Beziehung zwischen Schüler und Lehrer ist eine des Kopfes, und die Beziehung zwischen einem Jünger und einem Meister ist eine des Herzens – es ist eine Liebesbeziehung. Sie ist in den Augen der Welt verrückt, absolut verrückt. Ja, es gibt keine Liebe, die so total ist wie die Liebe, die sich zwischen einem Meister und einem Jünger abspielt. Die Liebe zwischen Johannes und Jesus war die gleiche Liebe wie die zwischen Sariputra und Buddha, zwischen Gautama und Mahavir, zwischen Arjuna und Krishna, zwischen Tschuangtse und Laotse . . . das sind die wahren Liebesgeschichten, die höchsten Gipfel der Liebe. Der Jünger löst sich langsam im Meister auf. Der Jünger reißt jegliche Entfernung zwischen sich und dem Meister ein; der Jünger gibt nach, der Jünger kapituliert, der Jünger löscht sich aus. Er wird ein Nichtwesen, er wird eine Nichtsheit. Und in diesem Nichts öffnet sich sein Herz. In dieser Abwesenheit verschwindet sein Ego, und der Meister kann sein ganzes Wesen durchdringen.

Der Jünger ist empfänglich, verletzlich, ungeschützt; er läßt alle Panzer fallen, er läßt alle Verteidigungsmaßnahmen fallen; er ist bereit zu sterben. Wenn der Meister sagt: „Stirb!", wird er nicht einen Augenblick zögern. Der Meister ist seine Seele, sein ganzes Dasein; seine Hingabe ist bedingungslos und absolut. Und die absolute Hingabe kennen heißt, die innersten Geheimnisse des Lebens kennen.

Das Wort *disciple* – Jünger – ist übrigens sehr schön. Es bezeichnet einen, der bereit ist zu lernen. Vom gleichen Wort kommt Disziplin. Disziplin bedeutet: eine Situation für das Lernen herstellen. Und *disciple* bedeutet: bereit sein zu lernen.

Wer kann bereit sein zu lernen? Nur einer, der bereit ist, all seine Vorurteile fallenzulassen. Wenn du als Christ kommst oder als Hindu oder als Mohammedaner, kannst du kein Jünger sein. Wenn du einfach als Mensch kommst, ohne fix und fertige Vorurteile, ohne Glaubensdogma, dann allein kannst du Jünger werden.

Ein Jünger ist die letzte, die seltenste Blüte des menschlichen Bewußtseins, denn jenseits vom Jünger gibt es nur noch einen Gipfel – den Meister. Und jemand, der rückhaltlos Jünger war, wird eines Tages Meister sein. Jüngerschaft ist der Prozeß, Meister zu werden. Aber man darf nicht mit der Vorstellung anfangen, ein Meister werden zu wollen, sonst verfehlt man es, denn dann ist es wieder ein Egotrip. Man darf einzig und allein kommen, um sich aufzulösen.

Du hast durch dein Ego gelebt, und dein Leben war nichts als ein einziges Unglück. Genug ist genug! Eines Tages kommt die Einsicht: „Ich habe eine große Gelegenheit verpaßt, indem ich immer nur auf mein Ego gehört habe. Es hat mich auf unnötige Holzwege getrieben, und es hat mir tausendfach Unglück gebracht." Am selben Tag, wo der Mensch erkennt, daß „mein Ego die eigentliche Ursache für mein Unglück ist", beginnt er, nach einem Ort zu suchen, wo er sein Ego loswerden kann. Der Meister ist ein Aufhänger, das Ego loszuwerden.

Du kannst dein Ego nur aufgeben, wenn du auf einen Menschen stößt, der dein Herz so ungeheuer gefangennimmt, daß sein Dasein dir wichtiger wird als dein eigenes Dasein, daß du ihm alles, was du hast, opfern kannst.

Erst vor wenigen Tagen bekam ich einen Brief von Gunakar aus Deutschland. in deutschen Zeitungen hat eine Aussage von Teertha sehr viel Beachtung auf sich gezogen und ist sehr kritisiert worden – und sie ist kritisierbar, manipulierbar; denn was in Jonestown passiert ist, ist zum Gesprächsstoff der ganzen Welt geworden.

Irgendjemand – ein deutscher Journalist – hat Teertha

gefragt: „Wenn Bhagwan von dir verlangt, dich zu erschießen, dich zu töten, was wirst du dann tun?"

Und Teertha hat geantwortet: „Da gibt es gar nichts zu überlegen – ich würde mich augenblicklich töten."

Nun, dieser Satz kann so hingedreht werden, daß er zu beweisen scheint, daß ich hier so etwas wie ein zweites Jonestown schaffe. Teertha hat aus seinem Herzen gesprochen, er war nicht diplomatisch und klug, sonst hätte er eine solche Aussage vermieden. Er hat gesagt, was ein Jünger einfach sagen muß.

Der Jünger ist bereit, restlos Ja zu sagen. Daß er bereit ist zu sterben, das trifft noch nicht mal die volle Wahrheit. Der Jünger ist bereits im Meister gestorben; es ist nicht etwas, was erst in Zukunft geschehen wird, es ist bereits geschehen. Es ist an dem Tag geschehen, an dem der Jünger den Meister als seinen Meister akzeptiert hat. Von dem Augenblick an ist er nicht mehr; nur der Meister lebt ihn.

Langsam, ganz langsam überflutet die Gegenwart des Meisters den Jünger. Und die Gegenwart des Meisters ist nicht die wirkliche Gegenwart der Person des Meisters: der Meister selbst ist von Gott überflutet. Der Meister ist nur ein Vehikel, ein Tor, ein Bote. Es ist Gott, der durch den Meister strömt. Wenn der Jünger sich dem Meister endgültig hingibt, hat er sich in Wirklichkeit Gott hingegeben – in Gestalt des Meisters. Gott kann er noch nicht erkennen, aber den Meister wohl, und im Meister kann er etwas Göttliches erkennen. Der Meister wird ihm zum ersten Beweis, daß Gott ist. Sich dem Meister hingeben heißt, sich dem sichtbaren Gott hingeben.

Und langsam, im Maße, wie seine Hingabe tiefer wird, verschwindet das Sichtbare ins Unsichtbare. Der Meister verschwindet.

Wenn der Jünger zum innersten Herzen des Meisters gelangt, dann findet er dort nicht den Meister, sondern Gott selbst, das Leben selbst – unbeschreibbar, unaussprechlich.

Deine Frage ist bedeutsam. Du fragst: *Was bedeutet es, ein Jünger zu sein?*

Es bedeutet Tod. Und es bedeutet Wiederauferstehung. Es bedeutet, im Meister sterben und durch den Meister wiedergeboren werden.

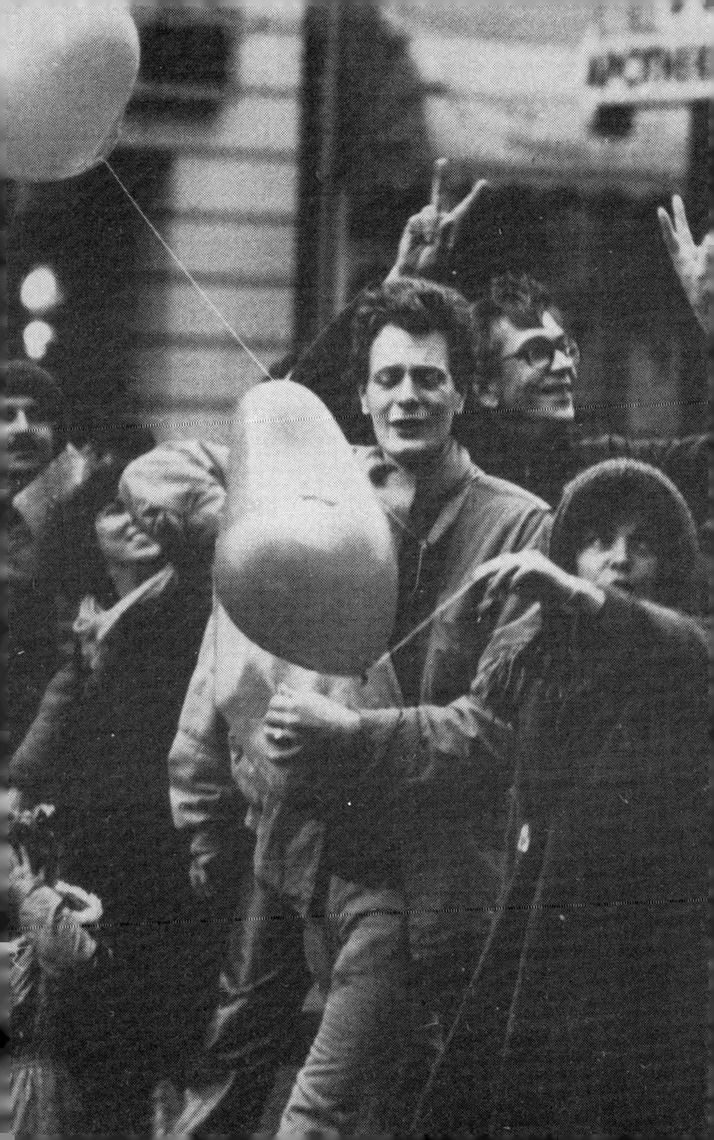

Das zufriedene Schwein

Aus dem Buch: „Take It Easy", Band 1
Vortrag vom 24. April 1978

*B*HAGWAN, *was ist der Unterschied zwischen einem zufriedenen Schwein, einem unzufriedenen Sokrates und dem natürlichen Menschen des Zen?*

Du mußt die folgenden fünf Kategorien verstehen.

Erstens: das zufriedene Schwein; es hat nichts mit einem Schwein zu tun, vergiß das nicht. Diese Kategorien beziehen sich auf den Menschen. Ein zufriedenes Schwein ist jemand, der unbewußt lebt, der einfach dahinvegetiert, ohne Bewußtsein – und deshalb auch nie unzufrieden wird. Unzufriedenheit setzt ein bißchen Bewußtheit voraus.

Wenn du unbewußt bist und jemand operiert dich, hast du keine Schmerzen. Wie denn auch? Um Schmerzen zu empfinden, muß man ein wenig bewußt sein. Deshalb bekommt der Patient vor der Operation eine Narkose, so daß er in eine Art Koma fällt. Dann kann man operieren und Teile des Körpers entfernen, ohne daß es weh tut. Ohne Narkose wären die Schmerzen unerträglich.

Ein zufriedenes Schwein ist einer, der wie ein Roboter, wie ein wandelnder Leichnam lebt, der ißt, geht, arbeitet, Liebe macht, Kinder produziert und stirbt, ohne sich jemals darüber bewußt zu werden, was er da eigentlich tut. Er stolpert wie benebelt von einen Tag in den anderen.

Zur zweiten Kategorie gehört das unzufriedene Schwein. Ein solcher Mensch ist noch zu neunundneunzig Prozent unbewußt, aber ein Prozent Bewußtheit ist da. Ein erster Strahl von Bewußtheit erhellt ihn: er wird sich von Zeit zu Zeit über den Schmerz, das Leiden und die Angst des Lebens bewußt. Die Menschen vermeiden diesen zweiten Zustand, sie leben lieber ganz unbewußt.

In der ersten Kategorie leben die Materialisten, nach dem Motto: denke nicht, versenke dich in nichts, meditiere nicht, werde nicht bewußt – Bewußtsein ist gefährlich. Bleibe unbewußt. Und wenn du ab und zu ganz ungewollt ein wenig bewußt wirst – denn das Leben ist so schmerzlich, daß dich das ab und zu ein wenig aufrüttelt – dann nimm Drogen, betäube dich. Es gibt Alkohol und andere Rauschmittel, mit denen du dich abstumpfen kannst, die dich wieder betäuben, die dich wieder in aller Ruhe unbewußt sein lassen.

Das unzufriedene Schwein ist einer, der gerade aus der Narkose aufwacht. Hast du je eine Narkose bekommen? Wenn du aufwachst, fängst du ganz langsam an, ein paar Geräusche um dich herum wahrzunehmen – den Verkehrslärm, die Ärzte, die Krankenschwestern. Langsam, ganz langsam, beginnen die Stellen im Körper wehzutun, an denen du operiert wurdest. Langsam, ganz langsam, kommst du zurück.

Ein unzufriedenes Schwein ist jemand, der aus der Narkose des Lebens erwacht, der zum Menschen wird. Es ist schmerzhaft – ein Mensch zu sein ist schmerzhaft, ein Schwein zu bleiben ist schmerzlos. Millionen haben sich dafür entschieden, Schweine zu bleiben.

Wenn Unzufriedenheit aufkommt, bist du auf dem Wege dazu, religiös zu werden: es ist die erste Annäherung an Gott.

Und der dritte Zustand ist der des unzufriedenen

Sokrates. Du bist dir über das Leiden voll bewußt, und du bist gespalten. Du bist jetzt zwei: der Schmerz ist da und du bist da. Das Leben wird fast unerträglich, es birgt tausend Schmerzen. Du mußt einfach etwas tun – entweder du fällst zurück und wirst wieder zum Schwein, oder du setzt dich in Bewegung und wirst ein Buddha.

Der unzufriedene Sokrates ist genau am Scheidepunkt. Unter ihm, ganz tief unten, lebt das Schwein. Über ihm, am höchsten Gipfel, lebt der Buddha – der echte, natürliche Mensch des Zen. Der unzufriedene Sokrates steht genau in der Mitte, in der Mitte der Brücke. Und es ist durchaus möglich, daß du einen Rückfall erleidest, denn das Alte ist dir vertaut, aber die Zukunft ist ungewiß. Wer weiß? Wenn du jetzt weitergehst, wird das Leid vielleicht noch größer – wer weiß? Du hast keine Ahnung, was vor dir liegt. Aber eins weißt du: so wie du vorher gelebt hast, gab es Momente ohne Schmerzen. Warum also nicht zurückfallen?

Genau an diesem Punkt beginnen die Leute, sich für Drogen zu interessieren. Das ist ein Rückfall, ein Rückschritt. Wer nicht den Weg zur Buddhaschaft einschlägt, bleibt auf Alkohol und andere Rauschmittel angewiesen. Keine Regierung kann die Leute vor dem Alkoholismus bewahren; sie finden immer Mittel und Wege. Das Leben ist so unerträglich, man will alles vergessen. Entweder du wirst ein Buddha oder ein Schwein. In der Mitte kannst du nicht stehenbleiben – die Mitte ist zu qualvoll.

Der vierte Zustand ist der des zufriedenen Sokrates. Du gehst vorwärts, nicht zurück. Du wirst immer bewußter, du versenkst dich immer mehr in die Meditation. Dein Denken wird zu einer Art meditativem Zustand, Bewußtheit und Unbewußtheit sind miteinander verbunden.

Und der fünfte Zustand: keine Zufriedenheit, keine Unzufriedenheit, weder Schwein noch Sokrates. Alles das ist verschwunden, all diese Träume sind ausgeträumt. Weder Bewußtheit noch Unbewußtheit – etwas Neues ist geschehen – Transzendenz. Das ist Buddhaschaft. Die Zen-Leute nennen es den natürlichen Zustand des Menschen – du bist frei von allem Schmutz, frei von allem Staub, frei von allem Gift der Vergangenheit und der Erinnerungen, *sanskaras*, frei von allen Prägungen. Du bist nach Hause gekommen.

Das Schwein ist völlig unbewußt, der natürliche Mensch des Zen ist völlig bewußt; dazwischen liegen die anderen drei Zustände. Denk darüber nach, finde heraus, wo du stehst, und mach dich von dort aus auf den Weg.

Das Ziel ist nicht weit. Manche können es mit einem Schritt oder einem einzigen Sprung erreichen. Alles was du dazu brauchst, ist Mut. Wenn jemand in den alten Trott zurückfällt, dann nur aus Angst.

Wenn ich euch Mut lehren kann, dann habe ich euch alles gelehrt. Wenn ich euch Mut machen kann, dann habe ich euch religiös gemacht. Für mich ist Mut die allerwichtigste religiöse Eigenschaft. Es ist wichtiger als Wahrheit, wichtiger als Aufrichtigkeit, wichtiger als alles auf der Welt. Denn ohne Mut erreichst du gar nichts – weder Wahrheit, noch Liebe, noch Gott.

Lachen – angesichts der Bombe?

Aus der Serie: „The Book of the Books"
Vortrag vom 27. August 1979

*B*HAGWAN, *wie können wir angesichts der drohenden nuklearen Vernichtung „heiter und gelassen" sein?*

Was könnt ihr sonst tun? Die Zeit ist kurz – tanzt, singt, freut euch! Wenn die nukleare Vernichtung nicht möglich wäre, wenn es keine Bedrohung gäbe, könntet ihr es aufschieben. Ihr könntet sagen: „Morgen werden wir tanzen." Aber nun wird es vielleicht kein Morgen geben; ihr könnt es nicht aufschieben.

Zum erstenmal ist das Morgen absolut ungewiß. Es war immer schon ungewiß, aber diesmal ist es absolut ungewiß. Für den einzelnen ist es immer ungewiß – vielleicht kommt das Morgen niemals! Selbst der nächste Atemzug bleibt vielleicht aus. Für den einzelnen ist der Tod immer gegenwärtig. Aber diesmal ist es global, universal. Die ganze Erde kann ausgelöscht werden – nicht nur alle Menschen; Vögel, Tiere, Bäume – das ganze Leben kann verschwinden.

Jetzt liegt es an dir. Du kannst schreien und weinen und den Kopf gegen die Wand schlagen. Das wird die nukleare Vernichtung und die Bedrohung durch sie nicht aufhalten. Im Gegenteil, es kann sie beschleunigen und näher bringen – denn traurige Leute, sehr unglückliche Leute sind gefährlich. Unglück erzeugt Destruktivität.

Aber wenn die ganze Menschheit anfängt zu tanzen, sich zu freuen, zu feiern – obwohl sie sieht, daß die Gefahr sehr nahe ist, daß der Dritte Weltkrieg jeden Augenblick beginnen kann . . . Die törichten Politiker haben genug Atomenergie aufgehäuft, um die Erde nicht nur einmal, sondern siebenhundertmal zu zerstören. So viele Atombomben, Wasserstoffbomben hat man angesammelt: wir können jeden Menschen siebenhundertmal töten, obwohl jeder Mensch nur einmal stirbt. Aber die Politiker wollen ganz sicher gehen, also kannst du siebenhundertmal getötet werden. Es wäre nicht nötig, einmal genügt – denn wir wissen nur von einem der auferstanden ist: Jesus Christus. Und selbst wenn Jesus Christus aufersteht und alle anderen fort sind, was soll er dann machen? Er wird Selbstmord begehen müssen!

Freut euch! denn dann gibt es eine Chance. Wenn die ganze Erde mit Freude überflutet ist, wird es weniger leicht möglich sein, sie zu zerstören. Denn wer sollte sie zerstören? W i r sind die Menschen; es liegt an u n s zu entscheiden, ob wir leben oder Selbstmord begehen wollen. Wenn wir in der Welt ein neues Klima einführen – der Freude, des Tanzens, des Singens, der Meditation, des Gebets – und wenn die Menschen voll Glück, Jubel, Lachen sind . . . wenn die Welt voll Lachen ist, dann besteht die beste Chance, daß wir die nukleare Zerstörung umgehen können. Denn freudige Menschen wollen nicht zerstören, sie wollen schaffen.

Und d u wirst in jedem Falle sterben. Ob die ganze Erde bestehen bleibt oder nicht, spielt keine Rolle. D u wirst sterben, soviel ist sicher. Was spielt es für eine Rolle, ob die Welt nach dir weitergeht oder nicht? Wenn sie weitergeht, gut; wenn sie nicht weitergeht, auch gut. Was hast du damit zu tun? Du wirst nicht mehr hier sein. Was also d i c h betrifft: dein Tod ist absolut gewiß.

Und dennoch liebst du, singst du, hörst du Musik – was macht es für einen Unterschied?

Wenn die Vernichtung global geworden ist, müssen wir auch das Lachen und Tanzen global machen, im selben Verhältnis – um einen Ausgleich zu schaffen. Warum traurig sein? Und was gewinnst du durch Traurigkeit? Hilft es dir irgendwie? Es ist vielleicht nur ein Trick des Verstandes, um deine Traurigkeit zu behalten. Es ist vielleicht nur eine Selbstverteidigung.

Du mußt ein trauriges Gemüt haben; jetzt versuchst du, immer mehr Rationalisierungen dafür zu finden, daß du traurig bleiben kannst. Und das ist eine schöne Rationalisierung: „Was redest du da, Bhagwan? Du sagst den Leuten, daß sie tanzen und singen und sich freuen sollen, und die Welt ist am Rande der Zerstörung? Sag den Leuten, daß sie traurig sein, schreien und weinen und alles Lachen und alle Liebe vergessen sollen!" Würde das irgendwie helfen? Es würde uns nur dem universalen Selbstmord näherbringen.

Aber irgendwo tief in dir drinnen steckt Traurigkeit, die dich nicht verlassen will, und diese Traurigkeit versucht, Rationalisierungen zu finden.

David stammte aus einer orthodoxen Familie. Eines Tages kündigte er an: „Mama, ich werde ein irisches Mädchen namens Maggie Coyle heiraten."

Die Frau erstarrte vor Schreck. „Das ist aber nett, David", sagte sie. „Aber erzähl nichts deinem Papa. Du weißt ja, er hat ein schwaches Herz. Und an deiner Stelle würde ich es auch nicht deiner Schwester Ida erzählen. Du weißt ja, wie viel ihr an religiösen Dingen liegt. Und erwähne es nicht vor deinem Bruder Louis – er könnte dir einen Kinnhaken geben. Aber mir kannst du es schon erzählen. Ich werde mich sowieso umbringen."

Du mußt tief drinnen einen selbstmörderischen Trieb haben. Du versuchst nur, Rationalisierungen zu finden.

Ja, ich weiß, die Welt ist in Gefahr, aber jeder einzelne war schon immer in Todesgefahr. Dennoch sagt Jesus: „Freuet euch, freuet euch! Und abermals sage ich, freuet euch!" Und tatsächlich sagte Jesus den Menschen, daß diese Welt bald zerstört werden würde, daß der Tag des Jüngsten Gerichts nahe sei, daß er noch nie so nahe gewesen sei! Jesus hatte unrecht! Zwanzig Jahrhunderte sind vergangen. Er sagte den Menschen: „Noch zu euren Lebzeiten werdet ihr den Tag des Jüngsten Gerichts sehen!" Seine Prophezeiung hat sich nicht erfüllt.

Er war aber auch kein Prophet, er war Mystiker. Er sagte diese Dinge aus einem völlig anderen Grund. Er sagte: „Der Tag des Jüngsten Gerichts ist sehr nahe – verändert euch! Verschwendet keine Zeit, schiebt es nicht auf!"

Jetzt ist der Tag des globalen Todes wirklich nahe – also schiebt es nicht länger auf! Freuet euch, freuet euch, und immer wieder sage ich, freuet euch! . . . Denn wenn ihr freudig sterben könnt, werdet ihr den Tod transzendieren, werdet ihr über den Tod hinausgehen.

Einer, der selig sein kann, stirbt niemals, denn im Tode lernt er die Unsterblichkeit kennen.

Und weil wenig Zeit ist, müßt ihr dieses orangene Gelächter über die ganze Welt verbreiten. Jetzt ist es Zeit, daß wir die Menschen immer fröhlicher machen sollten. Sagt ihnen, daß der Tod die Erde jeden Augenblick übernehmen kann; die Tage sind gezählt. Die Politiker sind Verrückte, und diese Verrückten haben jetzt soviel Macht, daß es ein reines Wunder ist, daß der Dritte Weltkrieg nicht schon passiert ist! Er hätte eigentlich schon passieren müssen. Warum er noch nicht passiert ist, ist ein Wunder.

Überall auf der Welt diese dummen Politiker, die die ganze Macht in der Hand haben . . . nur ein Knopfdruck, und der Prozeß wird in Gang gesetzt, und innerhalb von zehn Minuten wird die ganze Erde in Flammen stehen – Flammen, die Stahl und Felsen schmelzen können, ein Feuer, das alles zum Schmelzen bringt! Die ganze Erde kann zerbersten.

Es ist eine gute Nachricht! Du hast keine Zeit mehr zu verlieren.
Komm – tanz mit!

Ein einziges Fest

Meine Sannyasins können eine Quelle von Energie, ein Energiefeld werden. Eine große Synthese ist hier im Entstehen: Ost und West treffen sich. Und wenn wir dieses Unmögliche zur Wirklichkeit machen können, werden die Menschen in der Zukunft völlig anders leben. Sie werden nicht in derselben alten Hölle leben müssen.

Die Menschen können in Liebe und in Frieden leben. Die Menschen können in großer Freundschaft leben. Die Menschen können ein Leben leben, das ein einziges Fest ist. Die Menschen können diese Erde göttlich machen.

Ja, diese Erde kann zum Paradies werden, und dieser Körper zum Buddha.

Aus dem Buch: „Philosophia Perennis", Band 1
Vortrag vom 21. Dezember 1978

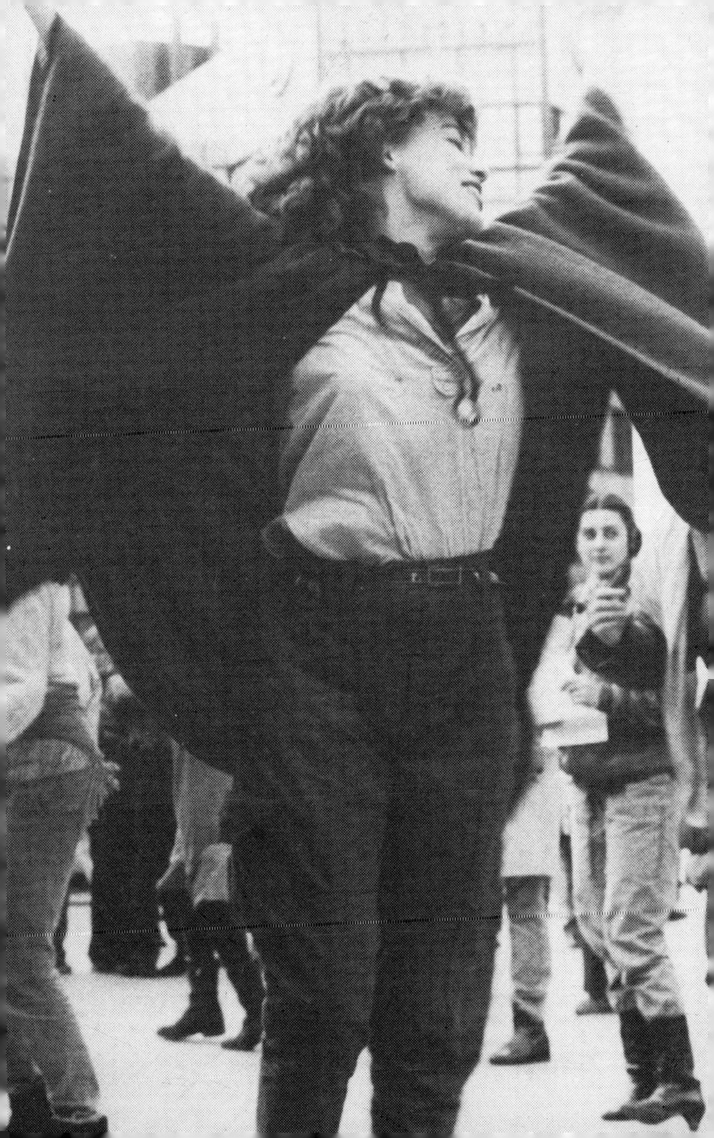

Unsere große Chance

Aus dem Buch: „I Say Unto You"
Auszug des Vortrags vom 3. November 1977

Entweder stirbt der Mensch, oder er wird neu – es gibt keine andere Wahl. Der alte Mensch kann so nicht weiterleben. Der alte Mensch hat alles für seinen Selbstmord arrangiert: er ist bereit für den globalen Selbstmord. Wenn sich der alte Mensch durchsetzt, findet der globale Selbstmord statt, und die Menschheit verschwindet von der Erde – oder aber das neue Bewußtsein wird geboren, und die Menschheit geht in eine neue Richtung. Genau das versuchen wir hier. Wir verhelfen dem neuen Menschen zur Geburt.

Der neue Mensch wird nicht Inder sein, nicht Deutscher, nicht Chinese. Der neue Mensch wird nicht Christ sein, nicht Hindu, nicht Mohammedaner. Der neue Mensch wird nicht schwarz sein, nicht weiß. Der neue Mensch wird nicht Mann sein, nicht Frau. Der neue Mensch wird ein völlig andersartiges Lebewesen sein, rein, ursprünglich, unschuldig . . . er paßt in keine Kategorie. Meine Arbeit besteht darin, den neuen Menschen zum Leben zu erwecken.

Und selbst wenn nur wenige transformiert werden, sind sie doch die Vorboten . . . nur ein paar Samen, die, zum neuen Menschen herangewachsen, eine neue Menschheit entstehen lassen. Ihnen gilt mein ganzes Interesse. Ich werde meine ganze Energie in die wenigen Menschen investieren, die bereit sind, aus ihrer alten Haut herauszuschlüpfen und neu zu werden.

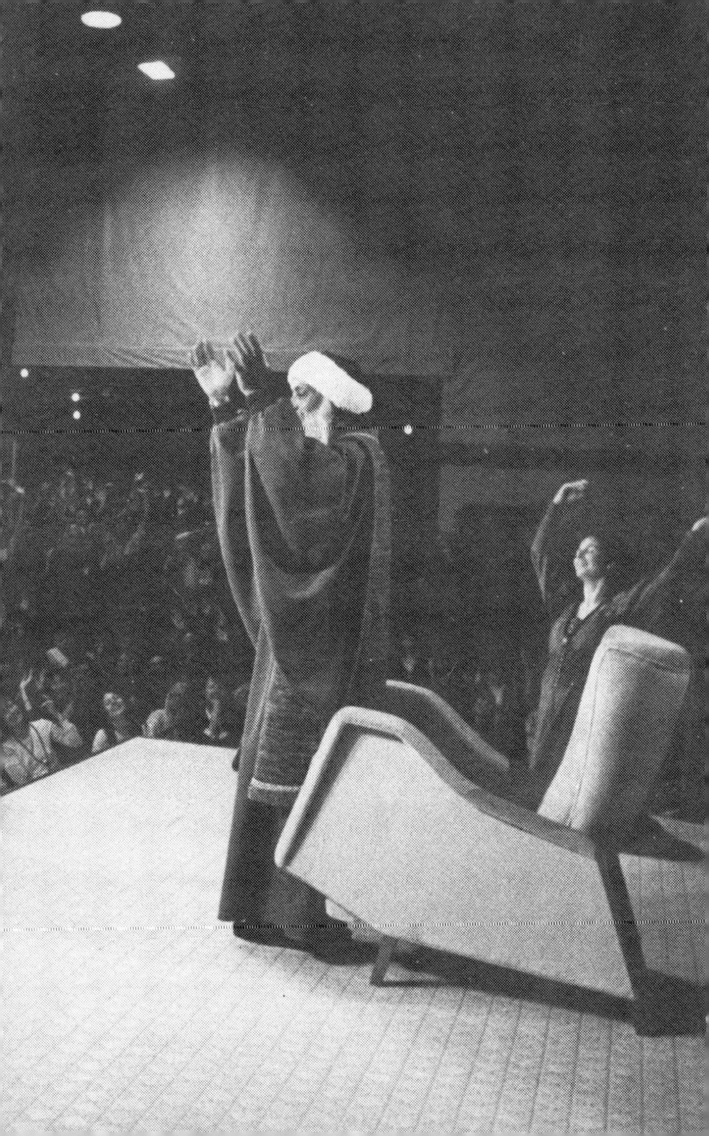

Liebe – die einzige Hoffnung

Aus dem Buch: „The Guest"
Vortrag vom 30. April 1979

*B*HAGWAN,
  You, the fountain of love,
  Our source is in thee.
  Loving thy will
  our spirit is free.
  This beautiful day
  that all of us see.
  The hope of the world
  is love.

Liebe ist nicht nur die Hoffnung der Welt, sondern die einzige Hoffnung. Bisher hat der Mensch ein absolut liebeloses Leben gelebt. Alle Gesellschaften und alle Kulturen und alle Religionen, die es auf dieser Erde gegeben hat, haben von Liebe gesprochen, aber ein sehr liebeloses Dasein gelebt. In der Vergangenheit ist viel über Liebe geredet worden, aber die Strukturen, die die Gesellschaft hervorgebracht hat, sind von Grund auf gegen die Liebe. Die Gesellschaft ist auf Krieg eingestellt, und eine Gesellschaft, die auf Krieg eingestellt ist, kann nur über Liebe reden, aber Liebe nicht leben.

 Wir sind jetzt am Höhepunkt dieser häßlichen und dummen Struktur des Hasses angelangt. Wir sind an dem Punkt angekommen, wo sich der Mensch entweder total ändern oder sterben muß.

Der neue Mensch kann nur mit einem neuen Herzen, mit einer neuen Seele geboren werden – und der Duft dieser Seele wird Liebe sein.

Eine Gesellschaft, die liebelos lebt, ist wettbewerbsorientiert, ehrgeizig, von Geld, Macht, Prestige besessen. Eine Gesellschaft, die ohne Liebe lebt, lebt durch Glaubenssätze. Glaubenssätze spalten die Menschheit, und jede Spaltung führt zum Krieg. Eine Gesellschaft, die ohne Liebe lebt, lebt ein absolut glanzloses Dasein, denn ohne Liebe gibt es nichts Wunderbares im Leben, nichts Bedeutsames. Ohne Liebe steigt kein Lied auf im Herzen der Menschen.

Wir haben den Punkt erreicht – oder wir werden ihn erreichen, von Tag zu Tag rückt er näher – bis zum Ende dieses Jahrhunderts wird der Mensch sich entscheiden müssen: entweder die totale Vernichtung oder eine Revolution. Eine Revolution, nicht politisch, nicht sozial, sondern eine Revolution des Herzens. Jeden Tag kommen wir einem Wendepunkt näher, und ihr müßt euch darauf vorbereiten.

Sannyas soll eine Botschaft für eine neue Welt sein, der erste Strahl der Dämmerung. Die Menschen rüsten für den totalen Krieg; es werden alle Vorbereitungen für einen globalen Selbstmord getroffen. Das ist das Erbe eurer Geschichte.

Sämtliche Alexanders und Napoleons und Stalins und Hitlers und Maos haben jahrhundertelang daran gearbeitet. Jetzt geht ihr Traum in Erfüllung: wir können die ganze Erde innerhalb von Sekunden zerstören. Die Vernichtungsmaschinerie hat ihren Höhepunkt erreicht.

Wenn nicht die Kreativität ebenfalls ihren Höhepunkt erreicht, ist der Mensch nicht zu retten.

Und für mich ist Liebe nichts anderes als die Geburt der Kreativität in euch.

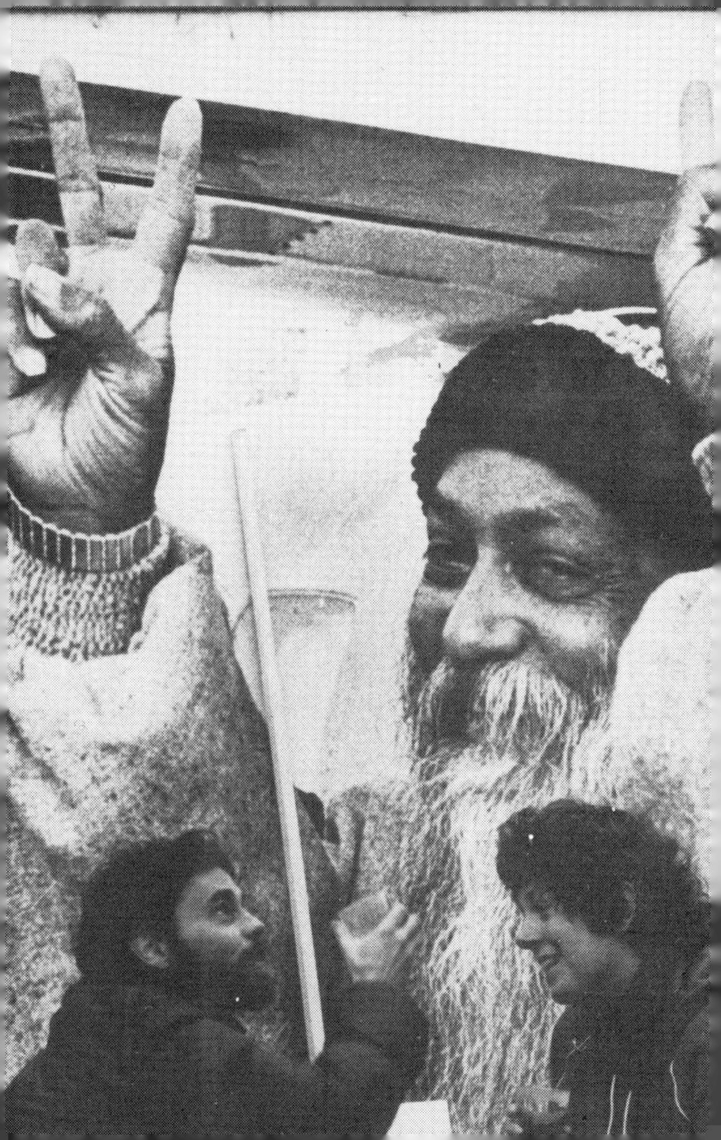

Mit Liebe meine ich ein überfließendes Herz. Liebe ist für mich nicht nur eine Beziehung. Die Beziehung, die wir Liebe nennen, ist ein weit entferntes Echo der wahren Liebe. In Wahrheit ist Liebe keine Beziehung, sondern ein Seinszustand; man liebt nicht, sondern man i s t Liebe. Immer wenn ich über Liebe spreche, erinnert euch: ich spreche über den Zustand Liebe. Ja, Beziehung ist wunderbar, aber die Beziehung wird unwahr, wenn ihr nicht den Zustand der Liebe erreicht habt. Erst dann ist die Beziehung nicht mehr nur eine Täuschung. Sie ist eine gefährliche Täuschung, denn sie kann euch weiter zum Narren halten; sie kann euch weiterhin das Gefühl geben, daß ihr wißt, was Liebe ist – und ihr wißt es nicht. Liebe ist grundsätzlich ein Zustand des Seins; man liebt nicht, man i s t Liebe.

Und diese Liebe entsteht nicht, indem man sich in jemanden ver-liebt. Diese Liebe entsteht, indem man nach innen geht – nicht durch *„falling in love"*, ein Fallen, sondern durch Aufsteigen, Höhersteigen, höher als du selbst. Es ist eine Art von Darüberhinausgehen. Ein Mensch ist Liebe, wenn sein Sein still ist; sie ist das Lied der Stille. Ein Buddha ist Liebe, ein Jesus ist Liebe – nicht Liebe zu einem bestimmten Menschen, sondern einfach Liebe. Ihr Klima ist Liebe. Sie ist nicht an jemand bestimmten gerichtet, sie geht in alle Richtungen. Jeder, der einem Buddha nahekommt, wird sie fühlen, wird sich von ihr umflossen, wird sich in sie eingetaucht fühlen. Und das ist vorbehaltlos so.

Liebe stellt keine Bedingungen, kein Wenn und Aber. Liebe sagt nie: „Wenn du diese Bedingungen erfüllst, werde ich dich lieben." Liebe ist wie Atmen: wenn es geschieht, bist du einfach Liebe. Es spielt keine Rolle, wer dir nahe kommt: Sünder oder Heiliger. Jeder in deiner Nähe beginnt die Schwingung der Liebe zu fühlen, er fühlt sich beglückt.

Liebe ist ein bedingungsloses Geben – aber nur diejenigen können geben, die h a b e n.

Einer der mysteriösesten Züge des Menschen ist, daß er ständig Dinge gibt, die er nicht hat. Ihr gebt ständig Liebe, und ihr habt sie noch gar nicht; und ihr bittet andere ständig um Liebe, die sie noch gar nicht haben. Bettler bitten Bettler!

Liebe muß zuerst im tiefsten Kern deines Seins geschehen. Es ist die Qualität des Alleinseins, des glücklichen und freudigen Alleinseins. Es ist die Seinsqualität des Nicht-Denkens, der Stille. Inhaltlose Bewußtheit ist der Raum, der Zusammenhang, in dem Liebe in dir aufsteigt. Und wenn sie in dir aufsteigt, ist es so viel, ist es fast unerträglich. Die Freude ist so groß, daß es schmerzt. Sie ist schwer wie Wolken voller Regen: sie m ü s s e n sich ausschütten, sie müssen sich ausregnen, sie müssen sich von der Last befreien. Wenn Liebe in der Stille des Herzens aufsteigt, muß sie ausgeteilt werden, muß sie weitergegeben werden; du kannst nicht anders.

Und der Mensch, dem du deine Liebe gibst, ist dir in keiner Weise verpflichtet. Vielmehr bist d u ddem Menschen verpflichtet, weil er dir half, dich zu entlasten, weil er etwas mit dir teilte, das für dich allein zuviel war.

Und die Ökonomie der Liebe besagt: Je mehr du gibst, desto mehr hast du, denn in deinem stillen Sein bist du mit dem ozeanischen Sein, mit der göttlichen Quelle von allem verbunden. Und du kannst immer weiter austeilen . . . immer mehr wird in dich einströmen; es überflutet dich.

Ja, es stimmt: Liebe ist die einzige Hoffnung der Welt. Und wir nähern uns dem Wendepunkt: entweder der totale Krieg oder die totale Liebe. Und es gibt nur entweder – oder; es gibt keine dritte Möglichkeit. Es gibt keinen Kompromiß mehr; man kann nicht in der Mitte bleiben.

Die Menschheit muß sich entscheiden. Es ist eine Frage von Leben und Tod: Krieg ist Tod, Liebe ist Leben.

Indem ich euch hier ins Leben rufe, indem ich hier Sannyasins ins Leben rufe, rufe ich eine neue Dimension ins Leben. Dies ist der Anfang eines völlig neuen Menschen.

Darum werden die alten Traditionen nicht verstehen können, was hier geschieht; sie haben dafür keinerlei Kriterium. So neu ist dieses Experiment! Ja, gelegentlich sind in der Vergangenheit Menschen erschienen wie Buddha, Kabir, Krishna, Christus, Zarathustra – aber nur einzelne. Heute reichen einzelne nicht mehr aus; ein gelegentlicher Buddha kann nicht mehr viel helfen. Die Welt ist zu sehr im Haß versunken. Die Welt ist so voller Haß – ein einziges Meer von Haß – und ein einzelner Buddha wär nur wie ein Teelöffel Zucker; er würde den Geschmack des Meeres nicht ändern.

Wir brauchen Tausende von Buddhas. Darum bin ich nicht an Christen interessiert, nur an Christussen. Ich bin nicht an Jains interessiert, nur an Mahavirs. Ich bin nicht an Buddhisten interessiert, nur an Buddhas.

Meine Arbeit hier besteht nicht darin, eine Gefolgschaft hervorzubringen, Gläubige hervorzubringen, sondern Individuen, Liebende, Meditierende, die auf eigenen Füßen stehen können und von denen jeder selbst ein Licht sein kann. Wir werden es brauchen . . . die Nacht wird von Tag zu Tag dunkler werden . . . und wir werden Millionen Lichter rund um die Welt brauchen: Millionen Menschen, die fähig sind zu lieben, bedingungslos zu lieben, ohne etwas dafür zurückzuverlangen. Menschen, die so still und so glückselig sind, daß überall, wo sie sich aufhalten, die Dunkelheit weicht.

Ja, Liebe ist die Hoffnung der Welt – die einzige Hoffnung.

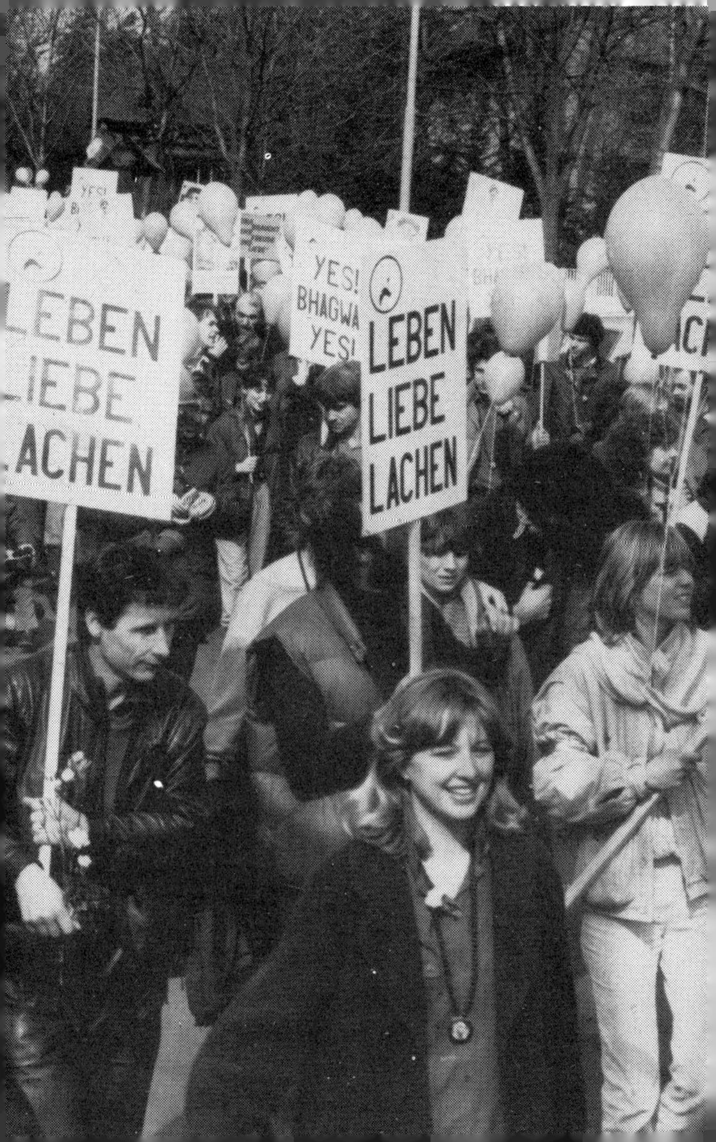
LEBEN
LIEBE
LACHEN
YES!
BHAGWA
YES!
LEBEN
LIEBE
LACHEN

Schöne neue Welt

Aus dem Buch: „Philosophia Perennis", Band 2
Auszug des Vortrags vom 1. Januar 1979

Der neue Mensch bringt eine neue Welt. Es kann nicht anders sein, der neue Mensch ist noch in der Minderheit – aber eine Minderheit, die sich sprunghaft verändert: sie ist Träger einer neuen Kultur, ihr Same. Der neue Mensch kommt. Unterstützt ihn. Ruft es von den Hausdächern! Dies ist meine Botschaft an euch.

Der neue Mensch ist offen und ehrlich. Er ist bis zur Durchsichtigkeit wirklich, authentisch, sich selbst offenbarend. Er wird kein Heuchler sein. Er wird nicht durch Ziele leben: er wird hier und jetzt leben. Er wird nur eine Zeit kennen: jetzt, und nur einen Raum: hier.

Und durch diese Gegenwärtigkeit wird er erfahren, was das Göttliche ist.

Freuet euch! Der neue Mensch ist im Kommen, der alte schwindet dahin. Der alte hängt schon am Kreuz, und der neue steigt bereits am Horizont auf. Freuet euch! Ich sage immer wieder und wieder, freuet euch!

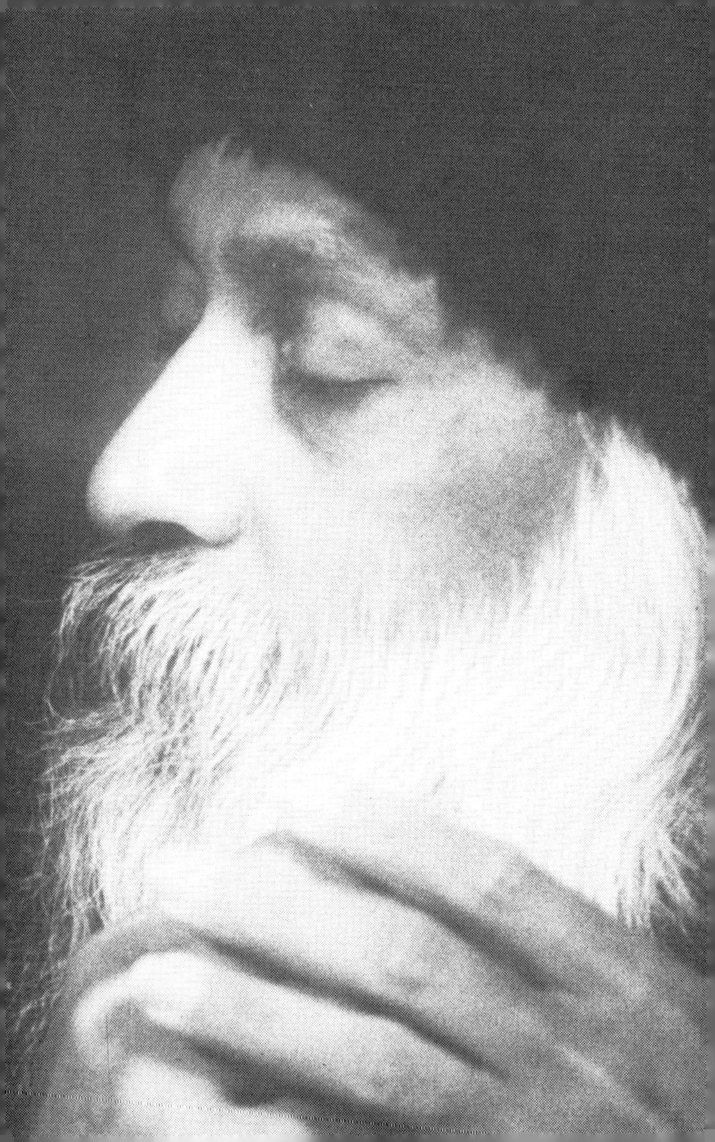

SANNYAS VERLAG

DEUTSCHE BÜCHER
von
BHAGWAN SHREE RAJNEESH

Komm und folge mir
Bhagwan Shree Rajneesh spricht über Jesus, Band I. (Englische Originalausgabe: „Come Follow Me" I).

„Ich will von Christus sprechen, nicht vom Christentum. Das Christentum ist gegen Christus. Er ist jenseits aller Kirchen. Christus ist das Herz aller Religionen. In ihm ist alles Streben der Menschheit erfüllt."

Jesus aber schwieg
Bhagwan Shree Rajneesh spricht über Jesus, Band II. (Englische Originalausgabe: „Come Follow Me" II).

„Als Pontius Pilatus Jesus die Frage stellte: Was ist Wahrheit?, *da schwieg Jesus. Er hätte etwas sagen können, er war ein beredter Mann. Er war ein großer Dichter, wenn er etwas sagte. Er hätte etwas sagen können. Und sein ganzes Leben stand auf dem Spiel! Dies war das Allerletzte, was Pilatus ihn fragte:* Was ist Wahrheit? *Jesus aber sah ihm in die Augen – und schwieg."*

Der Freund („A Cup of Tea")
Eine Sammlung von Briefen aus den Jahren 1962 bis 1971. Ein bibliophiler Luxusband im Großformat mit 125 Fotos und 350 Briefen, jeder für sich ein funkelnder Edelstein, eine transparente Miniatur von Bhagwans Vision. – Für alle, die Bhagwan lieben.

SANNYAS VERLAG

DEUTSCHE BÜCHER
von
BHAGWAN SHREE RAJNEESH

Tantrische Liebeskunst
Über das tantrische Liebesspiel, aus der Serie: „The Book of Secrets".

„Tantra ist nicht für den Sex, sondern für Transzendenz. Aber man kann etwas nur durch Erfahrung, nur durch existentielle Erfahrung transzendieren, nicht mit Hilfe von Ideologien. Nur durch Tantra gelangt man zur wahren Enthaltsamkeit. Das sieht widersprüchlich aus, ist es aber nicht. Nur durch existentielles Wissen kann man über etwas hinausgehen. Unwissenheit führt niemals zu Transzendenz, sondern nur zu Heuchelei."

Die verborgene Harmonie
Bhagwan Shree Rajneesh spricht über die Fragmente des Heraklit. (Englische Originalausgabe: „The Hidden Harmony")

„Heraklit ist wirklich großartig. Wäre er in Indien oder sonstwo in Asien geboren worden, wäre er als ein Buddha bekannt geworden. Aber in der griechischen Geschichte, in der griechischen Philosophie, war er ein Fremder, ein Außenseiter. Für die Griechen war er kein Erleuchteter, sondern Heraklit der Obskure, Heraklit der Dunkle, Heraklit der Rätselhafte."

Was ist Meditation?
45 Briefe Bhagwans an seine Schüler, in künstlerisch gestalteter Geschenkausgabe. Antworten auf die immer wiederkehrende Frage nach der Meditation.

SANNYAS BUCHVERTRIEB

DEUTSCHE BÜCHER
von
BHAGWAN SHREE RAJNEESH

Das Klatschen der einen Hand
("The Sound of One Hand Clapping") Die letzten Darshan-Gespräche Bhagwans mit seinen Schülern.   Edition Gyandip

Mit Wurzeln und mit Flügeln   ("Roots and Wings")
Bhagwan spricht über Zen-Geschichten, 1. Teil.   Edition Lotos

Die Schuhe auf dem Kopf   Edition Lotos
Der zweite Teil der Zen-Geschichten aus "Roots and Wings".

Alchemie der Verwandlung   ("The True Sage")
Bhagwan spricht über jüdische Mystik.   Edition Lotos

ÜBER DEN RAJNEESHISMUS

Rajneeshismus – Bhagwan Shree Rajneesh und seine Religion. Eine Einführung.
Eine Zusammenfassung von Bhagwans Vision einer lebendigen Religion – die wesentlichen Grundzüge des Rajneeshismus.   Rajneesh Foundation International

Rajneeshpuram – Fest des Friedens und der Liebe
Eine Dokumentation über das 2. Weltfestival im Juli 1983 und die Rajneesh-Kommune in Rajneeshpuram, Oregon.

Sannyas

Rajneesh Times Deutsche Ausgabe.
Wochenzeitung des Rajneeshismus. Aktuelles über Bhagwan, Rajneeshpuram, die Rajneesh-Kommunen in Europa.
Abonnement: Die Rajneesh Times, Deutsche Ausgabe, Aachener Straße 40/44, 5000 Köln 1, 0221/51 75 09, 52 17 11.

SANNYAS BUCHVERTRIEB

DEUTSCHE BÜCHER
von
BHAGWAN SHREE RAJNEESH

Die Gans ist raus! („The Goose Is Out")
Die zehn letzten Vorträge von Bhagwan, bevor er in die letzte Phase seiner Arbeit, ins Schweigen ging.   Sannyas Verlag

Komm und folge mir („Come Follow Me" I)
Bhagwan spricht über Jesus, Band I.   Sannyas Verlag

Jesus aber schwieg („Come Follow Me" II)
Bhagwan spricht über Jesus, Band II.   Sannyas Verlag

Jesus – der Menschensohn („Come Follow Me" III)
Bhagwan spricht über Jesus, Band III.   Sannyas Verlag

Der Freund („A Cup of Tea")
350 Briefe Bhagwans (1962–1971) an seine Schüler und Freunde. Luxusausgabe.   Sannyas Verlag

Tantrische Liebeskunst („The Book of the Secrets")
Über das tantrische Liebesspiel.   Sannyas Verlag

Die verborgene Harmonie („The Hidden Harmony")
Über die Fragmente des Heraklit.   Sannyas Verlag

Was ist Meditation?
45 Briefe Bhagwans an seine Schüler. Ein liebevoll gestaltetes Buch zu dieser Frage.   Sannyas Verlag

Auf der Suche („The Search")
Bhagwan spricht über die 10 Stiere des Zen.   Sannyas Verlag

Nicht bevor du stirbst („Until You Die")
Gespräche über den Sufi-Weg.   Edition Gyandip

SANNYAS BUCHVERTRIEB

DIE NEUE TASCHENBUCHREIHE

Ich bin der Weg („I Am the Gate")
Bhagwan Shree Rajneesh spricht über die Arbeit mit einem Meister. Neuauflage als Taschenbuch. Sannyas Verlag

Rebellion der Seele („The Great Challenge")
Bhagwan über die Dynamische Meditation u.a. Sannyas Verl.

Esoterische Psychologie („The Inward Revolution")
Die bewußte Evolution des Menschen. Neuauflage. Sannyas

Sprung ins Unbekannte
(„Dimensions Beyond the Known") Sannyas Verlag

Das orangene Buch („The Orange Book")
Bhagwans Meditationstechniken. Sannyas Verlag

Tantra – die höchste Einsicht
Neuauflage als Taschenbuch. Sannyas Verlag

SANNYAS TASCHENMAGAZINE

Bhagwan Shree Rajneesh beantwortet Fragen zu aktuellen Themen. 6 Magazine im Abonnement. Sannyas Verlag

- 9: Wissen – Weisheit – Sekten
- 11: Alte Familie : Neue Familie
- 12: Das Tabu Tod
- 14: Wachheit ist der Weg zum Leben
- 15: Homosexualität und Frauenbewegung
- 16: Beziehungsdrama oder Liebesabenteuer
- 17: Kinder spielen mit Atombomben
- 18: Kinder, Kinder!
- 19: Lachen ist Religion
- 20: Therapie – Liebe heilt
- 21: Der neue Mensch
- 22: Du bist, was du ißt
- 23: Frau: Mann – und darüber hinaus

BHAGWAN SHREE RAJNEESH

BÜCHER ANDERER VERLAGE

Mein Weg: Der Weg der weißen Wolke (Herzschlag Verlag)
Intelligenz des Herzens (Herzschlag Verlag)
Ekstase – die vergessene Sprache (Herzschlag Verlag)
Kein Wasser, kein Mond (Herzschlag Verlag)
Sprengt den Fels der Unbewußtheit (Fischer Taschenbuch)
Das Buch der Geheimnisse (Heyne Taschenbuch)
Meditation – die Kunst, zu sich selbst zu finden (Heyne Tb)

ÜBER BHAGWAN SHREE RAJNEESH

Ganz entspannt im Hier und Jetzt (Swami Satyananda)
Im Grunde ist alles ganz einfach (Satyananda – beides Rowohlt)
Begegnung mit Niemand (Ma Hari Chetana, Herzschlag Verlag)
Wenn das Herz frei wird . . . (Ma Prem Gayan, Herbig Verlag)
Der Erwachte (Vasant Joshi, Bhagwan-Biographie, Synthesis V.)

TONBAND-CASSETTEN

Originalvorträge von Bhagwan Shree Rajneesh
  Ausgesuchte Vortragsreihen
  Besondere Vorträge zu bestimmten Themen
Meditationsmusik zu Bhagwans Meditationen

VIDEO-CASSETTEN

Second Annual World Celebration 1983 – Satsang, Darshan.
Jede Cassette PAL/VHS 60 Minuten.
Zu beziehen durch: Sannyas Verlag, Schloß Wolfsbrunnen,
D-3446 Meinhard 3, Telefon 05651/70217.

ANDERE AUTOREN

Spiel Tarot – Spiel Leben   Sannyas Verlag
  Swami Anand Anupam. Eine Schule des intuitiven Tarot.
Tantra – Weg der Ekstase   Sannyas Verlag
  Ma Anand Margo. Die Sexualität des neuen Menschen.
Handbuch für Shiatsu   Edition Gyandip
  Swami Deva Garjan. Einführung in die Druckpunktmassage.

Die Rajneesh Times
Deutsche Ausgabe

Seit April 1983 gibt es eine deutschsprachige Ausgabe der amerikanischen Wochenzeitschrift **„The Rajneesh Times"**. Sie leitet eine neue Ära im Journalismus ein – den positiven Journalismus.

„Der bisherige Journalismus widmete sich überwiegend der publizistischen Vermarktung von Negativität. Seine Themen sind Kriege, Katastrophen und Kapitalverbrechen. Sie drücken ein morbides Interesse an den dunklen Seiten des menschlichen Lebens aus ... einer zukünftigen humaneren Gesellschaft wird es völlig unverständlich sein, daß dieser Negativität eine so große Bedeutung im menschlichen Leben beigemessen werden konnte, daß ihr so viel Zeit gewidmet wurde.

Der gegenwärtige Journalismus hat keine Zukunft mehr. Er ist Teil einer globalen Entwicklung, die uns alle unwiderstehlich in den Sog unserer eigenen Selbstzerstörung geraten läßt. Wenn wir weiterhin unsere Gefühle von Haß und Gewalt in die Welt projizieren, in der wir leben, schreiben wir das Drehbuch für unseren eigenen Untergang!

In Rajneeshpuram, dem Erscheinungsort der US-Ausgabe der **„Rajneesh Times"**, wird mit einer alternativen Gesellschaft experimentiert, in der Liebe, Kreativität und Humor den Alltag prägen. Negative Gefühle werden dabei nicht unterdrückt, sondern ungezwungen und gefahrlos durch Meditation transformiert.

Die deutschsprachige **„Rajneesh Times"** wird ein Spiegel dieser positiven Entwicklung sein. Sie enthält die wichtigsten Artikel der US-Ausgabe. Ziel ist, den Leser immer auf den neuesten Stand der Entwicklung in Rajneeshpuram zu bringen und teilnehmen zu lassen an dem Aufbau von „Rancho Rajneesh". Außerdem enthält die Zeitung interessante und amüsante Meldungen und Reportagen aus der Sannyas-Szene in Deutschland, Österreich und der Schweiz.

Alle diese Aktivitäten sind inspiriert durch die Lehre von Bhagwan Shree Rajneesh; denn durch das Zusammensein mit Bhagwan haben sich neue Dimensionen und Möglichkeiten eröffnet, die vermittelt werden sollen. Niemand soll bekehrt, sondern einfach informiert und unterhalten werden. Bhagwans Liebe wird geteilt mit jedem, der dafür offen ist. Die **„Rajneesh Times"** ist Bhagwans Vision gewidmet."

Erscheint wöchentlich. Einzelpreis: DM 0,80; Halbjahres-Abonnement DM 35,–; Jahres-Abonnement DM 60,–.

„The Rajneesh Times", Deutsche Ausgabe
Brüsseler Straße 54, 5000 Köln 1, Tel. 0221/51 75 09

SANNYAS BUCHVERTRIEB

Englische Bücher von Bhagwan

JESUS: Come Follow Me II, III und IV; I Say Unto You I und II.

BUDDHA: The Diamond Sutra; The Discipline of Transcendence II, III und IV; The Book of the Books I.

BUDDHISTISCHE MEISTER: The White Lotus; The Book of Wisdom I.

TAO: When the Shoe Fits; Tao: The Pathless Path I und II.

ZEN: No Water, No Moon; And the Flowers Showered; Returning to the Source; The Sun Rises in the Evening; The Path of Paradox III; Dang Dang Doko Dang; A Sudden Clash of Thunder; The First Principle; Ah This! Neither This Nor That; The Search; This Very Body the Buddha.

SUFIS: Until You Die; Just Like That; Sufis: The People of the Path I und II; Unio Mystica I.

CHASSIDISMUS: The True Sage; The Art of Dying.

WESTLICHE MYSTIKER: Philosophia Perennis II (Pythagoras).

TANTRA: The Tantra Vision I und II.

UPANISHADEN: The Ultimate Alchemy I und II.

KABIR: The Divine Melody; Ecstasy: The Forgotten Language; The Path of Love; The Fish in the Sea is Not Thirsty; The Revolution.

BAUL-MYSTIKER: The Beloved I und II.

FRAGEN UND ANTWORTEN: From Sex to Superconsciousness; Walk Without Feet, Fly Without Wings and Think Without Mind; Be Still and Know; Zen: Zest, Zip, Zap and Zing.

DARSHAN-TAGEBÜCHER: Hammer on the Rock; Above All Don't Wobble; Nothing to Lose But Your Head; Be Realistic: Plan for a Miracle; Get Out of Your Own Way; Beloved of My Heart; The Cypress in the Courtyard; Dance Your Way to God; The Great Nothing; God Is Not For Sale; The Shadow of the Whip; Blessed are the Ignorant; What Is, Is, What Ain't, Ain't; The Further Shore; The Open Secret; The Open Door; Let Go! The Ninety-Nine Names of Nothingness.

SANNYAS BUCHVERTRIEB und SANNYAS VERLAG
Schloß Wolfsbrunnen, D-3446 Meinhard 3
Telefon 05651/70217

RAJNEESH MEDITATIONSZENTREN UND ASHRAMS IN DEUTSCHLAND

RAJNEESH-STADT Neo-Sannyas Commune,
3446 Meinhard 3, Schloß Wolfsbrunnen, Telefon 05651/70044

AMIT, 3000 Hannover, Sedanstraße 18,	0511/34 22 17
AMRITAM, 7500 Karlsruhe 41, Amtshausstr. 3,	0721/40 57 62
WIOSKA RAJNEESH, 5000 Köln, Lütticher Str. 33,	0221/517199
ANUBUDDHA, 8520 Fürth, Ammonstraße 2,	0911/74 61 19
ANUNADO, 6500 Mainz, Zanggasse 9a,	06131/23 14 11
ANURAG, 7800 Freiburg, Schwarzwaldstr. 42,	0761/788 72
ASAVA, 7808 Waldkirch, Lärchenweg 7,	07681/59 05
BAILE RAJNEESH, 2000 Hamburg 6, Karolinenstr. 7,	040/43 21 40
BAULA, 2900 Oldenburg, Steubenstr. 20,	0441/87 927
BHAKTO, 4400 Münster, Hafenweg 2–4,	0251/66 26 13
CHETANA, 8725 Arnstein-Altb., Burghäuserstr. 12,	09728/633
CHIT PREM, 7401 Nehren b.Tüb., Auchtertstr. 15,	07473/22 177
DEVAGEET, 6900 Heidelberg, Untere Neckarstr. 17,	06221/21675
DHARMA KEERTI, 56 Wuppertal, Hofkamp 111a,	0202/44 05 29
DÖRFCHEN RAJNEESH, 1 Berlin 61, Urbanstr. 64,	030/69 17 917
KARUNA, 8902 Neusäß, Schloß Hainhofen,	0821/48 81 92
MANJUSHA, 3300 Braunschweig, Altewiekring 19,	0531/765 79
MANOHAR, 2400 Lübeck, Hindenburgpl. 6,	0451/33 160
MAYUR, 2300 Kiel, Niemannsweg 133,	0431/87 003
MUKTA, 7000 Stuttgart 1, Schloßstr. 60a,	0711/61 18 20
NEERAVA, 5300 Bonn, Breite Straße 56,	0228/63 88 20
NITYAM, 6551 Altenbamberg, Villa Rödelstein,	06708/19 67
PREMDA, 5100 Aachen, Augustastraße 69,	0241/514343
ROHIT, 6301 Heuchelheim, Gießener Str. 116,	0641/62 541
SAHAJ, 7900 Ulm, Herrenkellergasse 10,	0731/64 610
SAMANVAYA, 8909 Edelstetten, Dorfstraße 66,	08283/16 68
SAMBODHI, 4000 Düsseldorf, Konkordiastr. 91-93,	0211/57 01 97
SANGEETAM, 4800 Bielefeld, Buddestr. 15,	0521/65 479
SANJIVA, 7060 Schorndorf, Siechenfeldstr. 10,	07181/422 64
SATDHARMA, 8000 München 5, Klenzestr. 41,	089/26 73 60
SNEHA, 8051 Margarethenried 6,	08764/426
SVAGAT, 4500 Osnabrück, An der Rolandsmauer 13-14	
UDGEYA, 8998 Lindenberg, Ried 21,	08383/64 16

RAJNEESH MEDITATIONSZENTREN UND ASHRAMS IN DER GANZEN WELT

USA
RAJNEESH FOUNDATION INTERNATIONAL,
Jesus Grove, Rajneeshpuram, OR 97741, (001)503–489–3411

SCHWEIZ
GYANDIP, 8050 Zürich, Baumackerstr.42, (0041)1/31 21 600
YOGENA, 4052 Basel, Hardstrasse 95, (0041)61/42 48 82

ÖSTERREICH
PRADEEP, 1050 Wien, Siebenbrunnenfeldg.4,0043/222/54 28 60

HOLLAND
DE STAD RAJNEESH Neo-Sannyas Commune,
NL–8191 KC Heerde, Kamperweg 80–86, (0031)5207/12 61
GRADA RAJNEESH Neo-Sannyas Commune,
1931 Egmond aan Zee, Prins Hendrikstr. 64, (0031)2206/41 14

BELGIEN
VADAN, B–3200 Leuven, Platte-Lo-Straat 61, (0032)16/25 14 87

ENGLAND
MEDINA RAJNEESH Neo-Sannyas Commune,   Herringswell,
Bury St. Edmunds, Suffolk IP28 6SW, 0044/638/75 02 34

ITALIEN
MIASTO RAJNEESH Neo-Sannyas Commune,
I–53010 Frosini (Si.), Podere S. Giorgio, (0039)577/96 01 24

FRANKREICH
PRADIP,   F–75010 Paris, 13 Rue Bichat, (0033)1607/95 59

DÄNEMARK
ANAND NIKETAN, 1459 Kopenhagen K, Frederiksberggade 15

HERZLICH WILLKOMMEN IN RAJNEESHSTADT!

*„Meine Arbeit besteht darin,
ein Buddhafeld, ein Energiefeld zu schaffen,
in dem das Neue geboren werden kann.
Ich bin nur die Hebamme,
die dem Neuen hilft, zur Welt zu kommen –
in eine Welt, die es nicht willkommen heißen wird.
Das Neue braucht viel Unterstützung von allen,
die Verständnis dafür haben,
von allen, die für eine Revolution sind.
Und die Zeit ist reif; sie war noch nie so reif.
Es ist der richtig Augenblick;
er war noch nie so günstig."*

Bhagwan Shree Rajneesh
Aus dem Buch: „Zorba the Buddha"

Ferien auf Schloß Wolfsbrunnen,
in Deutschlands größter Neo-Sannyas-Kommune.

Therapie- und Selbsterfahrungsgruppen,
Körperarbeit, Atemtherapie, Entspannung,
tägliche Meditationen, Meditationsgruppen,
Ausbildungsprogramme (Rebirthing, PI u.a.)
Einzelsitzungen, Sauna, Samadhi-Tank,
Massage, Yoga, T'ai Chi, Aerobic.
Erholungs- und Freizeitprogramm,
Kreativurlaub,
Feste, Konzerte, Theaterabende,
Video-Vorführungen.
Festival de Chanson Wolfsbrunnen,
Open Air Music Festival, Music Group, Disco.
„Zorba the Buddha" Schloßrestaurant.
Leben und Mitarbeiten im Buddhafeld.

COME, JOIN THE CELEBRATION!

Rajneeshstadt

Neo-Sannyas Commune

Schloß Wolfsbrunnen
3446 Meinhard-Schwebda
Tel. 05651/70044

Inhalt

Der neue Mensch	4
Die Zukunft – hoffnungslos?	7
Halbheit ist das Leiden	34
Was ist der Mensch?	37
Sorbas der Buddha	51
Die Krone der Schöpfung?	53
Der neue Mensch – ein neues Schaf?	58
Innen und außen reich	67
Was ist Freiheit?	69
Ihr seid alle Buddhas	79
Ist deine Kommune sozialistisch?	81
Wer Ohren hat, der höre	97
Bist du zufrieden mit deinem Leben?	107
Wann ist es Zeit?	111
Jetzt oder nie!	112
Das unmögliche Abenteuer	118
Was ist ein Jünger?	120
Das zufriedene Schwein	127
Lachen – angesichts der Bombe?	131
Ein einziges Fest	135
Unsere große Chance	137
Liebe – die einzige Hoffnung	139
Schöne neue Welt	146